Chili

COLLECTION
ROLF HEYNE

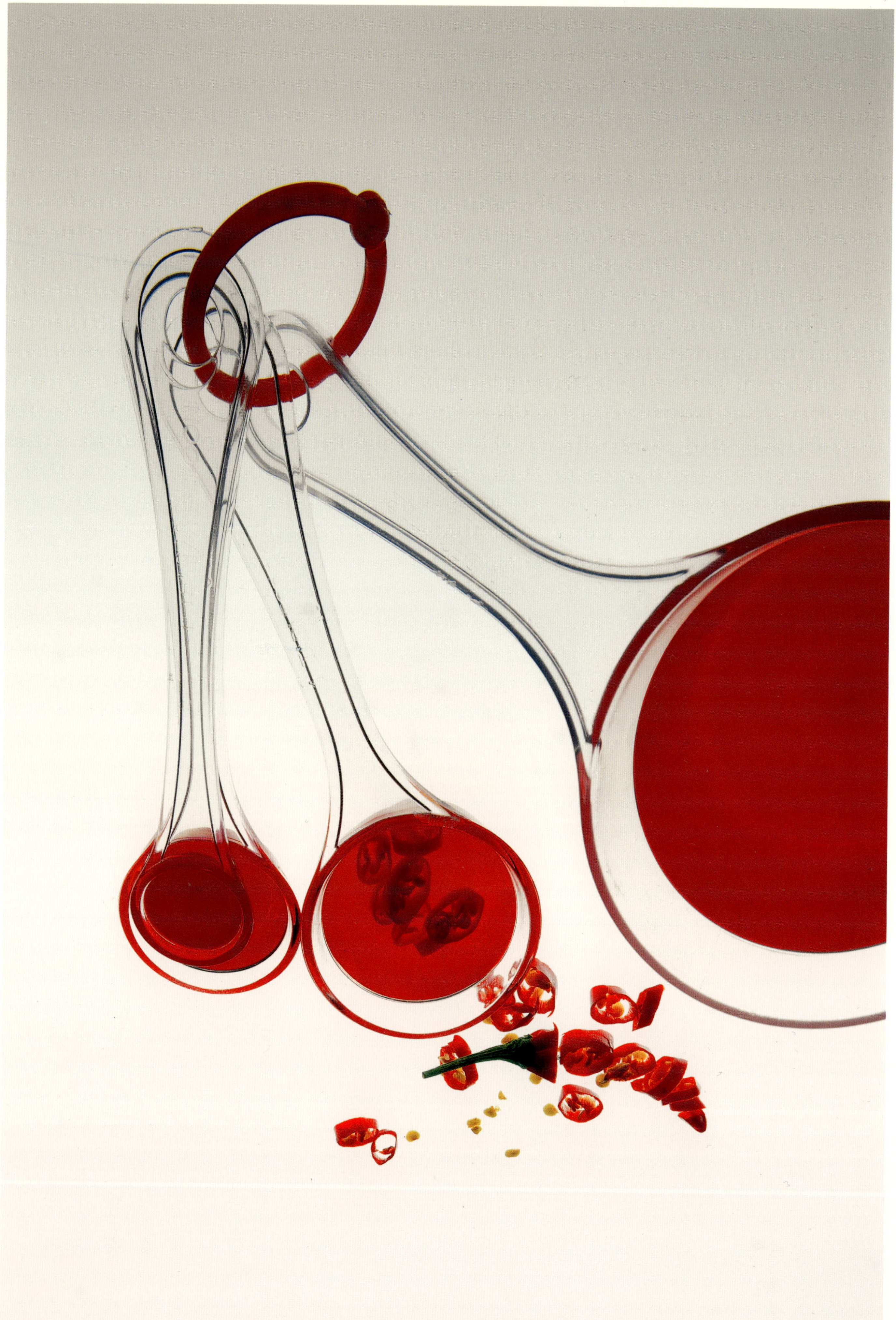

Chili

Fotografie von Luzia **Ellert**
Rezepte von Oliver **Hoffinger**
Foodstyling von Gabriele **Halper**
Texte von Ingo **Swoboda**

Collection Rolf Heyne

Inhalt

Einleitung

aprire la confezione tagliare lungo la linea
I MAGNIFICI DEL MEZZOGIORNO
D NAM T
Gusto esplosivo
PESO NETTO 90 g. e - 106 ml - NET

Kein Tag ohne Gewürze, der sichere und unweigerliche Griff zum Salzstreuer oder der Einsatz einer überdimensionierten Pfeffermühle im Restaurant mit beeindruckenden rhythmischen Gesten des Personals haben fast sakralen Charakter und stehen auch für viele Gourmets noch vor dem ersten Bissen am Anfang des eigentlichen Essens, gleich einer Segnung, um das Essen mit letzter Geste über die Schwelle einer faden und bedeutungslosen Eintönigkeit zu heben. Der Griff zum dosierbaren Gewürz aus dem Streuer oder der Gewürzmühle mit der Intension der Verfeinerung und Profilierung der Speisen ist ein Ritual und damit ein rauschender Kontrapunkt zur allgegenwärtigen Fertiggewürzmischung, ein Triumph des letzten Restes an Individualität über das medienkonforme Abschmecken im Kochstudio zur besten Sendezeit und des kollektiven und konstanten Geschmacks der Fertiggerichte aus aller Welt. Würzen ist der letzte Widerstand gegen den zunehmend globalisierten Einheitsgeschmack.

Wer dabei noch selbst Hand anlegt, erfährt beim Würzen etwas Profundes, geht in die Tiefe, in die innerste Seele des Geschmacks. Würzen ist die hohe Kunst der Zubereitung von Speisen und entscheidet final über Erfolg oder Misserfolg des Kochens und des Essens. Dabei genügt oft schon eine Prise, eine Messerspitze oder auch nur ein Hauch von Aromen, um einen neuen Geschmack zu kreieren, um geschmackliche Intensität zu beeinflussen und damit fast jedes Produkt in ein feuriges, salziges, süßes oder einfach würziges Gericht zu verwandeln. Eine kulinarische Verlockung, aber auch eine herausfordernde Gratwanderung für jeden, der sich nicht auf die fade Seite des Essens schlagen muss – aus gesundheitlichen Gründen – oder möchte. Kein Wunder also, dass Gewürzen etwas Mystisches anhaftet, das derjenige, der ihre Dosierung beherrscht, wie ein Zauber das Publikum in Staunen versetzen kann.

Dazu verbirgt sich hinter der selbstverständlichen Verfügbarkeit dieser unverzichtbaren Zutaten auch eine bewegte Historie, wie kaum ein anderes Lebensmittel haben Gewürze den Lauf der Weltgeschichte stark und vor allem nachhaltig beeinflusst. Schon in der Antike spielten Gewürze eine große Rolle in der Heilkunst, wurden dazu als Konservierungsmittel eingesetzt oder dienten einer privilegierten Schicht als exotische Geruchsträger, ähnlich einem Parfüm. Damit gehörten sie, allen voran der schwarze Pfeffer, zu den teuersten Handelsgütern und waren zeitweilig so kostbar, dass sie mit Gold aufgewogen wurden.
Arabische, venezianische aber auch deutsche Kaufleute – wie etwa die Augsburger Fugger - wurden mit dem Gewürzhandel unermesslich reich und förderten damit auch den Kulturaustausch zwischen Orient und Abendland. Gleichzeitig gab der lukrative Gewürzhandel Anlass zu Streitigkeiten, seine Handelswege wurden oft genug von Konflikten und Kriegen unterbrochen, was die Preise weiter anstiegen ließ und Gewürze zu einer Kostbarkeit machte, die über Jahrhunderte ein Privileg der Reichen und Mächtigen war.

Auch die Entdeckung Amerikas Ende des 15. Jahrhunderts, die aus heutiger Sicht ein schlichter Navigationsfehler war, hängt unmittelbar mit dem Gewürzhandel zusammen. Denn der Zweck Christoph Kolumbus' berühmter Seereise im Jahre 1492 bestand vorrangig darin, den kürzesten Seeweg nach Indien zu finden, um der spanischen Krone einen Vorsprung vor anderen europäischen Handelsflotten zu verschaffen, die sich gerade mit dem Gewürzhandel sprichwörtlich eine »goldene Nase« verdienten. Doch Kolumbus verfehlte bekanntermaßen sein angepeiltes Ziel um Längen, machte in seiner Unwissenheit aus den ursprünglichen Amerikanern Indianer und die Karibischen Inseln zu Westindischen Inseln. Doch der Irrtum des Seefahrers hat zwei Seiten. Denn

Kolumbus brachte von seinen ausgedehnten Erkundungsfahrten nicht nur die Kartoffel mit in die Alte Welt, sondern auch scharfe Chili-Schoten, die bis dahin in Europa gänzlich unbekannt waren. Schon deshalb konnte ein weiterer Irrtum des Seefahrers nicht auffallen, denn er hielt die Pflanzen mit den feurigen Früchten für Verwandte des aus Indien bekannten Pfeffers und bedachte sie daher mit dem Namen »Pimienta«, dem spanischen Wort für Pfeffer. Bis heute heißen die pikanten Gewürzpaprika-Sorten, international als »Chilis« bekannt, vielerorts »Spanischer Pfeffer«, ein sprachliches Souvenir, das an Kolumbus' Irrfahrten erinnert.

Nach Kolumbus' Entdeckungen in der Neuen Welt, zu denen auch Tabak, Weiße Bohnen, Truthähne, Mais, Tomaten, Piment und Vanille zählen, erlebt die christliche Seefahrt einen rasanten Aufschwung: Portugiesen, Spanier, Holländer und Engländer stritten um die Herrschaft über die Meere und somit auch über den lukrativen Gewürzhandel, der zunehmend in Schmuggel und Piraterie verstrickt wurde. Doch den Siegeszug der Gewürze konnten auch Handelskriege und Warenblockaden nicht aufhalten, die Alte Welt verlangte nach Würze und Schärfe, Zucker und Süße und exotischen Aromen. Im 19. Jahrhundert besaß kein Land Europas mehr ein Gewürzmonopol, die Preise gingen zurück und Gewürze wurden zunehmend für jedermann erschwinglich. Heute sind Gewürze – bis auf wenige Ausnahmen – in allen Ländern der Welt erhältlich, einige sind längst internationalisiert, andere haben ihren exotischen Charakter behalten und prägen und dominieren nach wie vor den Geschmack einer Landesküche oder regionaler Gerichte.

Chilis, die mit Pfeffer und Ingwer zu den meistangebauten Gewürzen zählen, gibt es längst »all over the world«. Und das in unzähligen Varianten: von der frischen Schote bis zur Hot-Pepper-Sauce, die

in vielen Ländern zum unverzichtbaren Begleiter von gegrilltem Fleisch geworden ist und in den USA sogar den klassischen Tomatenketchup als beliebteste Würzsoße verdrängt hat. Heute sind mehr als 2000 verschiedene Chili-Saucen im Land der unbegrenzten Möglichkeiten und dem allgegenwärtigen BBQ zu haben. Chili-Freunde und Experten veröffentlichen wie beim Wein Degustationsnotizen ihrer Lieblingssaucen im Internet. Chili (lat. *Capsicum frutescens)* ist längst zum Mega-Star unter den Gewürzen avanciert und aus den Küchen der Welt nicht mehr wegzudenken. Denn die scharfen Schoten lassen sich so vielseitig wie kein anderes Gewürz oder Gemüse verwenden.

Doch um die Früchte richtig verstehen zu können, ist es gut, ein wenig über ihre Botanik zu wissen. Chilis, auch Pfefferschoten genannt, gehören ebenso wie der verwandte Paprika, zur Familie der Nachtschattengewächse. Die Pflanze hat kleine, glänzende Blätter und winzige weiße Blüten, ist frostempfindlich und bevorzugt feuchtwarme Regionen.

Indien, Mexiko, China, Japan, Indonesien und Thailand sind die wichtigsten Exportländer für Chili, ein Großteil der milden bis scharfen Schoten gehen in die Vereinigten Staaten von Amerika. Es gibt mehrere hundert Arten von Chilis, die sich durch Farbe, Größe und Schärfe unterscheiden. Reife Chilis, die zu Pulver zerstoßen die Grundlage der meisten Chilisaucen und -pasten bilden, können rot, orange, gelb oder violett sein, unreife Chilis zeichnen sich durch ihre grüne Farbe aus.

Als Faustregel gilt: je kleiner die Chilis, desto schärfer der Geschmack und je grüner sie sind, desto milder schmecken sie. Apropos schmecken: Chilis haben relativ wenig Eigenaroma, dennoch reicht ihr Geschmack von mild bis feurig scharf. Für die Schärfe sorgt das so genannte »Capsaicin«, das sich in unterschiedlichen Mengen und je nach Art und Reifegrad in Samen, Adern und Haut der Chili findet. Will man die Schärfe etwas mildern, sollten zumindest Samen und Adern entfernt werden. Doch ihr eigentlicher Charakter liegt natürlich in der Schärfe, echte Chili-Fans schätzen das intensive Gefühl im Gaumen, wenn sich die Würze mit der Schärfe zu einem feurigen Geschmack vereint. Das kann die klassische Tabasco-Sauce oder die Chili-Paste ebenso sein wie das würzig scharfe Sambal, das zur Indonesischen Küche gehört wie das scharfe Chili-Öl zur chinesischen Küche oder die Chilisauce aus Malaysia, die mit Ingwer verfeinert ihren leicht süßlichen Geschmack erhält.

Dass es bei all diesen Varianten aus medizinischer Sicht durchaus gesund zugeht, macht den Chili-Genuss zusätzlich empfehlenswert. Nur wenige Pflanzen haben eine derartig hohe Konzentration gesundheitsfördernder Inhaltsstoffe, wie Paprika und Chilis. Dabei spielt der Schärfegrad kaum eine Rolle, frische Peppers enthalten – auf ihr Gewicht bezogen – rund dreimal soviel Vitamin C wie

Zitrusfrüchte und sie regen vor allem den Speichelfluss und die Verdauungssäfte an.

Rote Schoten sind dazu besonders reich an wertvollem Beta-Karotin. Dieses Provitamin A schützt die Schleimhäute vor Infektionen, ist für gesunde Augen und die Zellvitalität zuständig.

Dazu beinhalten Chilis das für den Stoffwechsel wichtige Vitamin B6, darüber hinaus die Vitamine B1 und B2, B12 und als einzige Gemüseart in nennenswerten Umfang das Vitamin P. In kleineren Mengen finden sich in den Schoten die Mineralstoffe Kalium, Calcium, Magnesium, Phosphor und Zink.

Dennoch ist Vorsicht geboten: In großen Mengen genossen sind Chilis ein Reizgift, das Magen und Darm angreifen kann. Doch mit Bedacht als würzige Zutat eingesetzt, bieten die verschiedenen Schärfegrade der Chilis eine breite Geschmackspalette und vor allem den notwendigen Pep, um aus relativ faden Produkten feurig heiße Gerichte zu zaubern.

Es muss ja nicht immer Pfeffer und Salz sein.

Chili ist nicht gleich Chili, und Schärfe allein bringt noch keine Würze ins Essen. Neben der geschickten Dosierung kommt es vor allem auf den Einsatz des passenden Chilis an. Aber welcher Chili darf es denn sein? Immerhin gibt es hunderte von verschiedenen Sorten, die scharfen Schoten sind heute in einer erstaunlich bunten Vielfalt rund um die Welt zu finden. Innerhalb dieser globalen Chili-Auswahl gibt es einige Klassiker, die sich zur Verfeinerung einer schmackhaften Scharfschmecker-Küche besonders eignen und auch in europäischen Breiten relativ einfach zu erhalten sind.

Einer davon ist der so genannte »Anaheim« oder »New Mexican«, ein relativ früh blühender Chili mit großen Schoten, die lange grün bleiben, letztendlich aber – wie die meisten Sorten – rot abreifen. Wegen seiner relativ großen Hohlräume und des leicht entfernbaren Innenlebens eignet sich dieser fleischige Pepper zum Füllen, getrocknet und zu Pulver vermahlen; so wird aus »Anaheim« oder »New Mexican« die klassische »New Mexican Red Chile Sauce« frisch zubereitet.

Seinen Namen hat er von der Hauptstadt von Französisch Guayana in Südamerika, doch heute kommen die meisten der schlanken, dünnwandigen grünen oder roten Schoten aus Mexiko. Neben der beißenden Schärfe verfügt der »Cayenne« auch über leicht rauchige Geschmacknoten, der größte Teil der Cayenne-Produktion wird zu Pulver vermahlen und kommt als »Red Pepper« oder »Cayennepfeffer« auf den Markt. In dünne Ringe geschnitten, eignen sich frische grüne oder rote Schoten als »Scharfmacher« in Salaten, Salsas und Dips, aber auch als schmackhafte Würze für Seafood-Gerichte oder auf der pikanteren Pizza.

Der Name bringt es auf den Punkt, ohne den »Thai-Chili« läuft in der asiatischen Küche nur wenig. Allerdings nur wenn es scharf sein soll, denn die schlanken grünen oder roten Schoten haben es in sich. Thai bekommt man relativ frisch in den Gemüseabteilungen der Supermärkte und natürlich im Asia-Shop.

Milder schmecken dagegen »Cherry« oder »Kirschpaprika«, deren runde, fleischige Schoten an Cherry-Tomaten erinnern und die ursprünglich aus Ungarn stammen. Mit ihrem leicht säuerlichen Geschmack eignen sie sich zum Einlegen in Essig, aber auch zum Füllen mit gehackten Pilzen oder Frischkäse. Vorsicht: Als »Red Cherry Hot« oder »Cherry Bomb« existiert diese Sorte auch in einer beißend scharfen Variante.

Scharfe Basis

Chilisalsa

Zutaten
4 frische rote Chilis
2 EL Olivenöl
2 mittelgroße Zwiebeln, gehackt
2 Knoblauchzehen
3 TL Tomatenmark
1 TL getrockneter Oregano
2 TL Parikapulver, scharf
1 TL Zucker
100 ml Rotwein
Salz

1 Die Chilischoten längs aufschneiden und von den Kernen befreien. Die entkernten Schoten etwa eine Stunde in kaltem Salzwasser einweichen. Das Wasser in dieser Zeit drei Mal wechseln.

2 Die Schoten herausnehmen und in feine Streifen schneiden.

3 Das Olivenöl in einer Pfanne erhitzen, darin die Zwiebeln und den durchgepressten Knoblauch anbraten, bis sie goldbraun sind.

3 Die Chilischoten dazugeben und die Zwiebeln ca. 15 Minuten weich dünsten.

4 Das Tomatenmark, den Oregano, das Paprikapulver, den Zucker und den Rotwein hinzufügen. Die Salsa weitere 10 Minuten köcheln lassen, bis eine cremige Salsa entsteht. Die Salsa nach Belieben mit Salz abschmecken.

Chiliöl

Zutaten für 4 Personen

10 getrocknete Chilischoten

1/4 l Olivenöl

1/4 l Sonnenblumenöl

1 Die Chilischoten der Länge nach aufschlitzen mit den Ölen vermischen.

2 Das Chiliöl in eine luftdicht verschließbare Flasche füllen und an einem kühlen, dunklen Ort aufbewahren.

Chilibrot

Zutaten für 4 Personen

3 TL Chiliflocken
250 g Weizenmehl
250 g Roggenmehl (Vollkorn)
3 TL Salz
7g Trockenhefe
450 ml lauwarmes Wasser

1. Die trockenen Zutaten mischen.
2. Das Wasser unterrühren bis ein elastischer Teig entsteht. Den Teig bedecken und an einem kühlen Ort gehen lassen, bis er sein Volumen verdoppelt hat.
3. Den Teig zu einem Laib formen, in eine gefettete Brotbackform füllen und mit Mehl bestäuben. Abdecken, an einem kühlen Ort weitere 1,5 Std. gehen lassen.
4. Den Teig im auf 220 °C vorgeheiztem Backofen 15 Minuten backen. Dann die Hitze auf 200 °C reduzieren und das Brot in 25 bis 30 Minuten fertig backen.

Chilisauce

Zutaten für 4 Personen
4 Chilischoten
2 Frühlingszwiebeln
6 EL Sesamnöl
2 EL Sherry (trocken)

1 Die Chilischoten entkernen und von den Scheidewänden befreien. Die Frühlingszwiebel würfeln.

2 Die Chili mit den Zwiebelwürfeln, dem Sesamöl und dem Sherry in den Mixer geben und zu einer glatten Sauce pürieren.

Chilipasta

Zutaten für ca. 500 g Nudelteig

400 g doppelt gemahlenes italienisches Hartweizenmehl (Semola di grano duro)
1 EL Chilipulver
200 ml Wasser
1 TL Salz

1 Die Zutaten miteinander vermischen und mit den Händen gründlich zu einem glatten, kompakten Teig verkneten. Ist er zu fest, tropfenweise Wasser zufügen. Ist er zu weich, löffelweise Grieß zufügen. Den Teig zu einer Kugel formen, in Frischhaltefolie wickeln und etwa 1 Stunde ruhen lassen.

2 Den Teig auf einer bemehlten Arbeitsfläche mit dem Nudelholz dünn ausrollen. Die Teigplatte kurz antrocknen lassen, dann mit einem Messer in Streifen schneiden.

3 Die Nudeln am besten ganz frisch verwenden und in reichlich sprudelndem Salzwasser al dente kochen. Die Garzeit richtet sich nach der Größe und Dicke der Pasta und beträgt etwa 1 bis 3 Minuten.

Suppen & Vorspeisen

Korianderschaum-suppe mit Chili-Tuna

Zutaten für 4 Personen

1 Zwiebel
Olivenöl
2 EL Korianderkörner
250 ml Weißwein
1 l Gemüsefond
250 ml Sahne
4 Scheiben Tunfisch (Tuna) à 50 g
1 Thai-Chili
Salz
2 EL Sesamöl
2 EL Sojasauce
4 EL gehackter Koriander
4 EL Butter

1 Die Zwiebel schälen und in kleine Würfel schneiden.
2 Das Olivenöl in einem Topf erhitzen und die Zwiebelwürfel darin anbraten.
3 Die Korianderkörner dazugeben, kurz erhitzen und mit Weißwein ablöschen.
4 Die Zwiebelmischung mit Gemüsefond aufgießen und 20 Minuten köcheln lassen.
5 Die Sahne in den Fond rühren und aufmixen.
6 Die Tunfischscheiben in eine Schüssel geben und mit der gehackten Chilischote, Salz, Sesamöl und Sojasauce würzen. 10 Minuten marinieren lassen.
7 Den gehackten Koriander in die Suppe geben, mit Salz würzen und mit der Butter aufschäumen lassen.
8 Die Tunfischscheiben in Suppenteller geben und mit der aufgeschäumten, heißen Suppe übergießen.

Geeiste Granny-Smith-Suppe mit Jungschweinelende aus der Chilimarinade

Zutaten für 4 Personen

1 Sandia-Chili
1 TL Kreuzkümmel
1 Knoblauchzehe
Meersalz
4 EL Olivenöl
300 g Schweinefilet
8 Granny-Smith-Äpfel
1 Limette

1. Die Chilischote entkernen, fein hacken und mit dem Kümmel, gehacktem Knoblauch, Meersalz in 1 EL Olivenöl erhitzen.
2. Das küchenfertig vorbereitete Schweinefilet in der Chilimarinade scharf anbraten.
3. Das Chili-Filet im vorgeheizten Backofen bei 200 °C (je Zentimeter Fleischdicke 10 Minuten) garen.
4. In der Zwischenzeit die ungeschälten Äpfel durch den Entsafter geben und mit dem Saft einer Limette verrühren.
5. Die Apfel-Suppe in gekühlte Suppenteller geben.
6. Das Schweinefilet aus dem Backofen nehmen und 2 Minuten ruhen lassen.
7. Das Filet aufschneiden und auf die Suppenteller verteilen. Die Suppen mit dem restlichen Olivenöl beträufeln.

Butternuss-Kürbisschaumsuppe mit Kürbiskern-Chili-Pesto

Zutaten für 4 Personen

400 g Butternusskürbis
1 Zwiebel
3 EL Olivenöl
10 g Butter
250 ml Weißwein
250 ml Gemüsefond
250 ml Sahne
Salz
1 EL gehackter Majoran
50 g Kürbiskerne
1 Thai-Chili
20 ml Kürbiskernöl
100 ml Sonnenblumenkernöl

1. Den Kürbis schälen und entkernen. Das Kürbisfleisch in kleine Würfel schneiden.
2. Das Olivenöl und die Butter zusammen in einem Topf erhitzen. Die geschälte, gewürfelte Zwiebel darin anschwitzen.
3. Den Kürbis dazugeben und 10 Minuten schmoren lassen, dabei darauf achten, dass er nicht anbräunt.
4. Das Kürbisfleisch mit Weißwein ablöschen und mit Gemüsefond aufgießen. Die Suppe kochen lassen, bis der Kürbis weich ist.
5. Die Sahne zu der Suppe geben, mit Salz und Majoran würzen, aufmixen.
6. Die gehackten Kürbiskerne mit der gehackten Chilischote und den beiden Ölen vermengen. Alles mit einem Stabmixer pürieren und mit Salz würzen.
7. Die Suppe durch ein grobes Sieb passieren und mit dem Kürbiskern-Chili-Pesto servieren.

Weiße Tomatensuppe mit roten Chilitomaten, Mozzarella und Basilikum

Zutaten für 4 Personen

2 kg reife Tomaten
1 l Gemüsefond
250 ml Sahne
Salz
2 EL weißer Balsamicoessig
1 Jalapeño-Chili
250 g Cocktailtomaten
1 EL Puderzucker
2 Packungen Büffelmozzarella (à 250 g)
8 Blätter Basilikum

1. Die Tomaten von den Stielansätzen befreien, kreuzförmig einschneiden, mit kochendem Wasser überbrühen und häuten. Die gehäuteten Tomaten mit dem Gemüsefond pürieren. Das Püree durch ein Küchentuch passieren.
2. Den aufgefangenen Tomatensaft auf die Hälfte der Menge einkochen lassen.
3. Die Sahne zu der Tomatensuppe geben, mit Salz und Balsamicoessig würzen.
4. Die Chilischote entkernen und fein hacken.
5. Die Cocktailtomaten auf ein mit Backpapier bedecktes Backblech legen. Die Cocktailtomaten mit den Chilischoten und etwas Salz bestreuen, ein wenig Puderzucker darübergeben.
6. Die Cocktailtomaten im vorgeheizten Backofen bei 150 °C 15 Minuten braten.
7. Den Mozzarella in Scheiben schneiden, in Suppentellern anrichten. Die heiße, aufgeschäumte Suppe dazugeben und mit den Cocktailtomaten und dem Basilikum garnieren.

Rote Zwiebelsuppe mit Chili-Crostini

Zutaten für 4 Personen

8 rote Zwiebeln
Olivenöl
1 EL gehackter Thymian
250 ml Rotwein
250 ml Portwein
1 l Gemüsefond
4 Scheiben Schwarzbrot (am besten Zwiebelbrot)
4 EL Frischkäse
100 g Parmesan
1 Peperoni
Salz, Pfeffer
Muskat
2 EL Schnittlauchröllchen

1. Die Zwiebeln schälen und in feine Streifen schneiden.
2. Das Olivenöl in einem Topf erhitzen, darin die Zwiebeln und den Thymian anschwitzen bis sie glasig sind.
3. Die Zwiebeln mit Rotwein und Portwein aufgießen und die Flüssigkeit auf die Hälfte einkochen lassen.
4. Den Gemüsefond aufgießen, alles zusamen weitere 10 Minuten kochen lassen.
5. Die Brotscheiben in Olivenöl knusprig braten.
6. Den Frischkäse mit dem geriebenen Parmesan und der gehackten Peperoni vermengen.
7. Den Chili-Frischkäse auf die Brotscheiben streichen und im vorgeheizten Backofen unter dem Grill schmelzen lassen.
8. Die Suppe mit Salz, Pfeffer und Muskat würzen, auf Suppenteller verteilen und mit den Crostini anrichten.
9. Die Suppe und die Crostini mit Schnittlauch dekorieren.

Selleriecremesuppe mit Pinoli und brauner Chilibutter

Zutaten für 4 Personen

1 Zwiebel
Olivenöl
150 g Butter
1 Knollensellerie à ca. 200 g
250 ml Weißwein
1 l Gemüsefond
250 ml Sahne
Salz
Muskat
1 Thai-Chili
4 EL Pinienkerne (Pinoli)

1 Die Zwiebel schälen und würfeln. Das Olivenöl und etwas Butter in einem Topf erhitzen, die Zwiebelwürfel darin anschwitzen.

2 Den geschälten und in Würfel geschnittenen Sellerie in den Topf geben und das Gemüse 10 Minuten schmoren lassen, ohne es zu bräunen.

3 Das Gemüse mit Weißwein ablöschen und mit Gemüsefond aufgießen. Kochen lassen, bis der Sellerie weich ist.

4 Die Sahne zu der Selleriecreme geben und alles mit Salz und Muskat würzen.

5 Die restliche Butter in einer Pfanne braun werden lassen, die gehackte Chilischote und die Pinoli dazugeben. Einmal durchschwenken, salzen.

6 Die Suppe aufmixen und mit den Butterpinoli servieren.

Klare Kokos-Hühnersuppe mit Ingwer-Wantan

Zutaten für 4 Personen

1 Suppenhuhn
1 Zwiebel
1 Lorbeerblatt
2 Karotten
2 Cayenne-Chili
100 g Kokosflocken
Salz
50 g eingelegter Ingwer
60 ml Sherry
8 Wantanblätter (erhältlich im Asia-Laden)
1 Eiweiß
Öl zum Frittieren

1 Das Suppenhuhn zerteilen und enthäuten, in einen großen Topf geben und mit kaltem Wasser bedecken und erhitzen.

2 Die halbierte, ungeschälte Zwiebel und das Lorbeerblatt in die Suppe geben.

3 Die Karotten schälen und ebenfalls in die Suppe geben.

4 Die Hühnersuppe aufkochen lassen, den Schaum abschöpfen.

5 Die Chilischoten halbieren und in die Suppe geben.

6 Nach 1 Stunde Kochzeit das Huhn und das Gemüse aus der Suppe nehmen. Die Kokosflocken in die Suppe geben und mit Salz würzen.

7 Etwa 100 g des gekochten Hühnerfleisches fein hacken. Mit dem Ingwer, dem Sherry und einer der gekochten Karotten vermischen, kalt stellen.

8 Die Wantanblätter mit der Hühnerfleisch-Mischung belegen, dabei rundum einen Rand frei lassen. Den Rand der Blätter mit Eiweiß bestreichen, die Blätter blütenartig zusammenfalten und in der Tiefkühltruhe kurz anfrieren (10 Minuten).

9 Das Öl erhitzen und die Wantantaschen darin knusprig frittieren.

10 Die Suppe durch ein Sieb gießen und mit dem Wantan servieren.

Rote Curry-Chili-Suppe mit Spinat-Seezungenrolle

Zutaten für 4 Personen

Für die Röllchen
8 Seezungenfilets
250 g Blattspinat
1 Eiweiß
250 ml Sahne
30 ml Noilly Prat

Für die Suppe
2 Zwiebeln
2 mehlige Kartoffeln
2 EL Sesamöl
2 Jalapeño-Chilis
3 EL Tomatenmark
750 ml Gemüsefond
250 ml Sahne
250 ml Kokosmilch
Salz
1 Limette

1 4 Seezungenfilets klein schneiden und kalt stellen.

2 Den Blattspinat putzen, verlesen, waschen, kurz in Salzwasser blanchieren und in Eiswasser abschrecken. Trocken tupfen.

3 Die gekühlten, klein geschnittenen Fischfilets mit dem Eiweiß, Salz, der Sahne und dem Noilly Prat zu einer Farce mixen.

4 Die vier ganzen Filets nebeneinander legen, mit der Farce bestreichen und mit dem Spinat belegen. Zu Röllchen drehen.

5 Die Zwiebeln und die Kartoffeln schälen und in kleine Würfel schneiden.

6 Das Sesamöl in einem Topf erhitzen, die Zwiebel- und Kartoffelwürfel darin anschwitzen. Die entkernten Chilischoten und das Tomatenmark dazugeben, mit Gemüsefond aufgießen.

7 Die Suppe 10 Minuten kochen lassen.

8 Die Sahne und die Kokosmilch zu der Suppe geben, einmal aufkochen lassen. Pürieren und durch ein feines Sieb passieren. Mit Salz abschmecken.

9 Die Seezungenröllchen auf Suppenteller verteilen. Mit kochender Suppe übergießen und die Teller mit Klarsichtfolie abdecken.

10 Die Seezungenröllchen 5 Minuten ziehen lassen, dann mit Limettenspalten garniert servieren.

Kalte Jogurtsuppe mit Chili-Eisbein

Zutaten für 4 Personen

2 EL Honig
Salz
1 Thai-Chili
1 gepökeltes Eisbein à ca. 300 g
500 g Jogurt
100 g Buttermilch
1 Limette
1 EL gehackte Petersilie

1 Den Honig mit Salz und der gehackten Chilischote verrühren, das Eisbein damit einreiben.

2 Das Eisbein im vorgeheizten Backofen bei 120 °C ca. 40 Minuten durchgaren. Mit einer Gabel prüfen, ob es weich ist.

3 Den Jogurt mit der Buttermilch, dem Saft der Limette und Salz glatt rühren und kalt stellen.

4 Das Eisbein aus dem Backofen nehmen und in feine Scheiben schneiden.

5 Das Eisbein in der kalten Suppe anrichten und mit der Petersilie garnieren.

Limetten-Rucola-Suppe mit Chili-Jakobsmuscheln

Zutaten für 4 Personen

3 weiße Zwiebeln
Olivenöl
120 ml Weißwein
500 ml Fischfond
120 ml Sahne
4 Jakobsmuscheln
1 Thai-Chili
4 Limetten
3 Handvoll Rucola
Salz
1/2 EL schwarzer Pfeffer

1. Die Zwiebeln schälen und in Würfel schneiden.
2. Das Olivenöl in einem Topf erhitzen, die Zwiebelwürfel darin anschwitzen, ohne dass sie Farbe bekommen. Die Zwiebeln mit Weißwein ablöschen.
3. Die Zwiebel-Weißwein-Mischung mit Fischfond aufgießen, 15 Minuten einkochen lassen. Dann die Sahne zufügen und kurz aufkochen.
4. Die Jakobsmuscheln salzen. In einer Pfanne Olivenöl erhitzen, die halbierte Chilischote darin kurz anbraten, aus der Pfanne nehmen.
5. Die Jakobsmuscheln im Chili-Bratensatz von jeder Seite 1 Minute braten.
6. Den Saft der Limetten zu der Suppe geben und mit dem Rucola aufmixen. Mit Salz und Pfeffer würzen.
7. Die Jakobsmuscheln auf Suppentellern anrichten und mit Suppe übergießen.

Klare Wildschweinconsommé mit Wacholder-Chili-Nockerln

Zutaten für 4 Personen

1 kg Wildschweinparüren
2 Karotten
1 Selleriestange
1 Zwiebel
1 Lorbeerblatt
10 Wacholderbeeren
125 ml Portwein
Salz
250 g Speisequark (20 % Fett)
1 Thai-Chili
1 Ei
1 EL Speisestärke
1 EL Mehl

1 Die Parüren in einen Topf geben, mit kaltem Wasser zustellen und langsam zum Kochen bringen. Den Eiweißschaum abschöpfen.
2 Das Gemüse, das Lorbeerblatt und 5 Wacholderbeeren in die Suppe geben. 1 Stunde bei geringer Hitze köcheln lassen.
3 Die Parüren, das Gemüse und die Gewürze vorsichtig aus der Suppe schöpfen. Die Suppe mit Portwein und Salz würzen.
4 Den Speisequark mit Salz, den restlichen gehackten Wacholderbeeren und der fein gehackten Chilischote verrühren.
5 Das Ei, die Speisestärke und das Mehl in den Quark rühren.
6 Von der Quarkmasse kleine Nockerln abstechen, diese in kochendem Salzwasser 4 Minuten pochieren.
7 Die Suppe durch ein feines Sieb gießen und mit den Nockerln servieren.

Chili-Bouillabaisse

Zutaten für 4 Personen

1 küchenfertiger Knurrhahn, ca. 250–300 g
1 küchenfertige Rotbarbe, ca. 250–300 g
1 küchenfertiger St. Pierre, ca. 250–300 g
100 g ungeschälte Crevetten
200 g Miesmuscheln
5 EL Olivenöl
Salz, Pfeffer
1 Zwiebel
1 Fenchelknolle
2 Knoblauchzehen
1 unbehandelte Orange
2 EL Tomatenmark
4 Zweige Thymian
2 Lorbeerblätter
2 Jalapeño-Chilis
1 Kapsel Safranfäden
5 EL Noilly Prat
250 ml Weißwein
Salz
600 g Tomaten

1 Die Köpfe von Knurrhahn, Rotbarbe und St. Pierre abschneiden, die Fischfilets von den Mittelgräten lösen. Die Köpfe und Gräten beiseitelegen. Alls Fischfilets in 4 cm große Stücke schneiden.

2 Die Crevetten aus der Schale lösen. Die Schalen beiseitelegen.

3 Die Miesmuscheln unter fließendem kaltem Wasser gründlich abbürsten und die Barten entfernen. Achtung: Offene Muscheln, die sich nach leichtem Klopfen nicht schließen, sind ungenießbar und müssen weggeworfen werden.

4 Die Fischreste mit den Crevettenschalen in einen großen Topf geben und mit 2 l kaltem Wasser bedecken. Den Fond ca. 30 Minuten leicht wallend köcheln lassen, dabei immer wieder den Schaum abschöpfen.

5 Den Fischfond durch ein Sieb in einen zweiten Topf gießen.

6 Die Hälfte des Olivenöls in einer beschichteten Pfanne erhitzen. Darin die Fischfilets kurz anbraten, mit Salz und Pfeffer würzen und aus der Pfanne nehmen.

7 Die geschälte Zwiebel und den Fenchel fein würfeln. Den Knoblauch pressen. Das restliche Olivenöl im Bratensatz des Fischs erhitzen. Darin die Zwiebel, den Fenchel, den Knoblauch und die Orangenschale anschwitzen. Mit dem Thymian, dem Lorbeer, dem Chili und dem Safran würzen.

8 Die Gemüse-Gewürzmischung mit dem Noilly Prat ablöschen, das Tomatenmark einrühren und mit dem Weißwein und 1 1/2 l des Fischfonds auffüllen. Die Bouillabaisse ca. 30 Minuten köcheln lassen.

9 Die Stielansätze der Tomaten wegschneiden, die Haut der Tomaten kreuzförmig einschneiden. Die Tomaten überbrühen, in kaltem Wasser abschrecken, enthäuten und von den Kernen befreien. Das Tomatenfleisch würfeln. Die Tomatenwürfel, die Fischfilets, die Crevetten und die Miesmuscheln in die Bouillabaisse geben und alles im geschlossenen Topf 5 Minuten ziehen lassen. Achtung: Miesmuscheln, die jetzt noch geschlossen sind, sind ungenießbar und müssen weggeworfen werden.

10 Die Chili-Bouillabaisse in tiefen Suppentellern anrichten und servieren.

Brotsuppe von Ciabatta mit Salbei und Chili

Zutaten für 4 Personen

2 Zwiebeln
Olivenöl
2 Knoblauchzehen
1 Cubanelle-Chili
4 Blätter Salbei
125 ml weißer Portwein
2 Scheiben Roggenbrot
2 Scheiben Ciabattabrot
1 l Hühnerfond
2 EL weißer Balsamicoessig
Salz, Pfeffer
4 EL Crème fraîche

1 Die Zwiebeln schälen und in Würfel schneiden. Das Olivenöl in einem Topf erhitzen, die Zwiebelwürfel darin anschwitzen.

2 Den geschälten Knoblauch und die entkernte Chilischote klein hacken und zu den Zwiebeln geben und braun rösten.

3 Den Salbei dazugeben, kurz erhitzen und mit Portwein ablöschen.

4 Die Brote grob würfeln und dazugeben, alles mit Hühnerfond aufgießen.

5 Die Suppe so lange kochen, bis sich die Brotstücke aufgelöst haben.

6 Die Brotsuppe mit Balsamicoessig, Salz und Pfeffer würzen und mit einem Klecks Crème fraîche servieren.

Krebs-Bisque mit Kerbel-Chili-Maultaschen

Zutaten für 4 Personen

2 kg Krebse
Salz
Olivenöl
1 Zwiebel
1 Knoblauchzehe
1 EL Tomatenmark
125 ml Cognac
125 ml Sahne
100 g Crème double
1 Thai-Chili
1 Zitrone

Für den Teig
500 g Mehl
Salz
4 Eier

1. Die Krebse 5 Minuten in Salzwasser kochen, aus dem Wasser nehmen und abschrecken.
2. Das Krebsfleisch aus den Schalen brechen und beiseitestellen.
3. Das Olivenöl in einem Topf erhitzen, die Krebsschalen darin anrösten. Die geschälte und in Würfel geschnittene Zwiebel und Knoblauchzehe dazugeben und kurz mitrösten. Das Tomatenmark unterrühren und mit Cognac ablöschen.
4. Alles mit 1,5 l Krebsfond aufgießen und 20 Minuten köcheln lassen.
5. In der Zwischenzeit für den Teig das Mehl mit Salz und den Eiern vermengen, 5 Minuten kräftig durchkneten.
6. Den Teig 15 Minuten ruhen lassen.
7. Für die Füllung die Krebsschwänze hacken, mit der gehackten Chilischote vermischen und mit dem Saft der Zitrone würzen.
8. Den Teig mit der Teigrolle dünn ausrollen und auf eine bemehlte Fläche legen.
9. Auf das untere Ende der Teigplatte die Füllung geben, den Teig wie einen Strudel einrollen.
10. Die Rolle mit einem Kochlöffel in kleine Maultaschen teilen (einfach zusammendrücken).
11. Die Suppe nach Geschmack salzen, Sahne und Crème double dazugeben und durch ein feines Sieb passieren.
12. Die Maultaschen in kochendem Salzwasser pochieren und in der aufgeschäumten Suppe servieren.

Kartoffelschaumsuppe mit Petersilie und Chili

Zutaten für 4 Personen

4 große mehlige Kartoffeln
2 weiße Zwiebeln
2 Pimento-Chilis
Olivenöl
1 l Gemüsefond
Salz, Pfeffer
Muskat
1/2 Zitrone
4 EL Butter
125 ml Crème double
4 EL gehackte Petersilie

1 Kartoffeln und Zwiebeln schälen und in kleine Würfel schneiden. Die Chilischoten entkernen und fein hacken.

2 Das Olivenöl in einem Topf erhitzen, Kartoffeln, Zwiebeln und Chili darin anschwitzen, ohne dass sie Farbe annehmen.

3 Das Gemüse mit Gemüsefond aufgießen und kochen lassen, bis die Kartoffeln weich sind.

4 Die Suppe mit Salz, Pfeffer, Muskat und Zitronensaft würzen.

5 Die Butter und die Crème double hinzufügen und mit einem Stabmixer aufschäumen. Die Kartoffelschaumsuppe mit Petersilie bestreut servieren.

Salat von Ciabatta, Ziegenfrischkäse und Chili-Peperonata

Zutaten für 4 Personen

8 Scheiben Ciabattabrot
2 Knoblauchzehen
4 rote Paprikas
4 gelbe Paprikas
2 Kirschpaprikas
2 EL gehackte getrocknete Tomaten
Saft von 2 Limetten
Salz, Pfeffer
6 EL Olivenöl
400 g Ziegenfrischkäse
2 EL Schnittlauchröllchen

1. Die Brotscheiben mit Olivenöl beträufeln, mit einer halbierten Knoblauchzehe einreiben und im vorgeheizten Backofen bei 190 °C goldbraun rösten.
2. Die Paprikas vierteln, von Scheidewänden und Kernen befreien und auf einem Backblech bei Oberhitze rösten.
3. Die Paprikas, sobald die Haut Blasen wirft und schwarz wird, aus dem Backofen nehmen und mit einem feuchten Küchentuch abdecken.
4. Die abgekühlten Paprikas häuten.
5. Die zweite Knoblauchzehe fein hacken. Das Olivenöl in einem Topf erhitzen. Darin den gehackten Knoblauch mit den geschnittenen Kirschpaprikas leicht andünsten.
6. Die in gleich große Stücke geschnittenen Paprikas zum Knoblauch-Chili-Gemisch geben, die getrockneten Tomaten hinzufügen und den Limettensaft aufgießen.
7. Die Peperonata salzen, pfeffern und mit Olivenöl abschmecken. Dann umrühren und 1/2 Stunde ziehen lassen.
8. Die Brotscheiben in kleine Stücke brechen und mit dem Ziegenkäse anrichten. Die Peperonata darüber verteilen und mit Schnittlauchröllchen dekorieren.

In Chili gebratenes Perlhuhn mit Preiselbeeren und Pumpernickel

Zutaten für 4 Personen

4 Perlhuhnbrüste
Salz, Pfeffer
2 Jalapeño-Chili
Olivenöl
60 ml Portwein
100 g frische Preiselbeeren
2 EL Honig
4 Scheiben Pumpernickel

1 Das Olivenöl in einer Pfanne erhitzen. Die Perlhuhnbrust mit Salz und Pfeffer würzen und mit den halbierten Chilischoten auf der Hautseite scharf anbraten.

2 Die Perlhuhnbrust in den auf 180 °C vorgeheizten Backofen geben.

3 Den Portwein in einem Topf auf die Hälfte einkochen und mit einer Prise Salz würzen.

4 Die frischen Preiselbeeren dazugeben und einmal aufkochen lassen. Den Topf vom Herd nehmen.

5 Nach 10 Minuten die Perlhuhnbrust aus dem Ofen nehmen und mit Honig bestreichen.

6 Den Pumpernickel fein zerbröseln und die Perlhuhnbrust darin wälzen.

7 Die warme Perlhuhnbrust aufschneiden und mit den Preiselbeeren anrichten.

Gebrannte Chilicreme mit Mango und Koriander

Zutaten für 4 Personen

1 Thai-Mango
1 New-Mexican-Chili
Salz
60 ml Crème fraîche
4 Blatt Gelatine
1 EL gehackter Koriander
1 Limette
250 ml Sahne
2 EL brauner Zucker

1 Die Mango schälen, das Fruchtfleisch vom Stein lösen und mit einem Stabmixer pürieren.

2 Das Mangopüree mit der entkernten und gehackten Chilischote vermischen, salzen und die Crème fraîche untermengen.

3 Die Gelatineblätter in kaltem Wasser einweichen, nach 2 Minuten ausdrücken und bei schwacher Hitze erwärmen.

4 Die Gelatine unter die Mangomasse rühren, den Koriander und den Saft der Limette beigeben.

5 Die steif geschlagene Sahne vorsichtig unter die Mangomasse heben.

6 Die Mangocreme in vier kleine feuerfeste Formen füllen und 45 Minuten tiefkühlen.

7 Die halbgefrorenen Mangopuddings mit braunem Zucker bestreuen und im vorgeheizten Backofen bei Grill-Oberhitze (250 °C) gratinieren.

Papaya-Salat mit Chicoree und Limetten-Chili-Marinade

Zutaten für 4 Personen

2 Papayas
1 Tepin-Chili
4 EL Sherryessig
2 EL Honig
2 Schalotten
1 Limette
Salz, Pfeffer
8 EL Nussöl
2 Chicoree (rot)
1 EL gehackte Nüsse

1 Die Papayas schälen und entkernen, das Fruchtfleisch in kleine Würfel schneiden.

2 Die Chilischote halbieren, entkernen und fein hacken.

3 Den Sherryessig mit dem Honig, der Chilischote, den fein gehackten Schalotten, dem Limettensaft, Salz und Pfeffer aufkochen.

4 Das Öl dazugeben und mit einem Schneebesen cremig rühren.

5 Den Chicoree mit dem Dressing übergießen und 15 Minuten ziehen lassen.

6 Vor dem Servieren die Papayawürfel dazugeben und mit den Nüssen bestreuen.

Salatröllchen mit Chili-Gemüsereis

Zutaten für 4 Personen

1 Kopfsalat
100 g Basmatireis
2 Lauchzwiebeln
2 rote Paprika
1 Jalapeño-Chili
Olivenöl
50 g Erbsen
Salz, Pfeffer
4 EL geriebener Cheddar
1 EL gehackter Koriander
Sojasauce

1 Die Salatblätter vom Strunk lösen, kurz in kochendem Wasser blanchieren und in Eiswasser geben.

2 Den Reis laut Packungsangabe gar kochen.

3 Die Lauchzwiebeln und die von Scheidewänden und Kernen befreiten Paprikaschoten in kleine Würfel schneiden. Die Chilischote entkernen und klein schneiden.

4 Das Olivenöl in einem Topf erhitzen. Darin die Chilischote kurz anschwitzen, dann das übrige Gemüse dazugeben und andünsten.

5 Das Gemüse salzen und pfeffern, dann den gekochten Reis untermengen.

6 Den geriebenen Cheddar und den Koriander unter den Gemüsereis rühren.

7 Den Gemüsereis in die Salatblätter füllen. Die Salatblätter wie Frühlingsrollen wickeln.

8 Im auf 200 °C vorgeheizten Backofen kurz erwärmen. Die Salatröllchen nach Geschmack mit Sojasauce servieren.

Salat vom Thaispargel mit Chili-Paprika und Chinakohl

Zutaten für 4 Personen

4 Bund grüner Thaispargel
4 rote Paprika
1 Thai-Chili
4 EL Sesamöl
2 EL schwarzer Sesam
1 EL Sojasauce
2 EL Reisweinessig
1 Chinakohl
Salz
Pfeffer

1 Den Spargel waschen und die unteren Enden abschneiden.
2 Die von Scheidewänden und Kernen befreiten Paprika- und Chilischoten in kleine Stücke hacken.
3 Das Sesamöl in einer Pfanne erhitzen, den Spargel darin scharf anbraten, Chili und Paprika dazugeben. Die Pfanne von der Kochstelle nehmen.
4 Sesam, Sojasauce und Essig unter das Spargelgemüse rühren.
5 Den Chinakohl in feine Streifen schneiden und unter das Spargelgemüse mischen. Salzen und pfeffern.
6 Den lauwarmen Salat dekorativ auf vier Tellern anrichten und servieren.

Chili-Graved-Lachs mit eingelegten Limetten und Honig

Zutaten für 4 Personen

125 ml Noilly Prat
250 ml Weißwein
1 TL Senfkörner
1 EL Meersalz
2 Thai-Chilis
500 g frisches schottisches Lachsfilet
4 EL gehackter Dill
4 EL Honig
Salz
6 Limetten

1. Den Noilly Prat und den Weißwein mit den Senfkörnern, dem Meersalz und den halbierten Chilischoten aufkochen, beiseitestellen.
2. Den Lachs in eine tiefe Schüssel geben, mit der Marinade übergießen und mit dem Dill bestreuen.
3. Den Lachs mindestens 4 Stunden marinieren.
4. 250 ml Wasser mit dem Honig zum Kochen bringen und leicht salzen. Die in Scheiben geschnittenen Limetten einlegen und im Fond erkalten lassen.
5. Die Limetten auf ein mit Backpapier bedecktes Backblech legen und im Backofen bei 50 °C 1 Stunde trocknen lassen.
6. Den Lachs von den Gewürzen und Kräutern befreien, in dünne Scheiben schneiden und mit den Limetten anrichten.

Gebratene Gänseleber mit Ahornsirup-Chili-Schokosauce und Marillen

Zutaten für 4 Personen

450 g Gänseleber (klein, da nicht zu fett)
2 Aprikosen (Marillen)
1 EL Aprikosenmarmelade (Marillenmarmelade)
100 ml Cointreau
1 Pimento-Chili
60 ml Sherry
2 EL gehackte Schokolade (70 % Kakao)
8 EL Ahornsirup
Salz
4 EL doppelgriffiges Mehl (z. B. Wiener Grießler)

1 Die Gänseleber in fingerdicke Scheiben schneiden und im Kühlschrank kalt stellen.

2 Die Aprikosen entkernen und in gleich große Spalten schneiden.

3 Die Aprikosenmarmelade mit dem Cointreau und 3 EL Wasser aufkochen, die Aprikosen dazugeben und erwärmen, dann beiseitestellen.

4 Die Chilischote entkernen, fein hacken und mit dem Sherry, der Schokolade und dem Ahornsirup kurz aufkochen.

5 Die Gänseleber salzen und in Mehl wenden.

6 Die Leber in einer beschichteten Pfanne langsam anbraten. Die Leber wenden, bevor das Fett austritt.

7 Die gebratene Gänseleber auf der Sauce anrichten und mit den noch warmen Aprikosen servieren.

Neu-Wiener Rindfleischsalat

(Tafelspitz mit Estragonessig, roten Zwiebeln und Chiliöl)

Zutaten für 4 Personen

500 g Tafelspitz
2 Karotten
1 weiße Zwiebel
1 Selleriestange
5 Pfefferkörner
1 Lorbeerblatt
125 ml Estragonessig
Salz
2 rote Zwiebeln

Für das Chiliöl

1 l Olivenöl
1 EL Meersalz
2 Jalapeño-Chilis

1 Den Tafelspitz mit den Karotten, der ungeschälten weißen Zwiebel, dem Stangensellerie und den Gewürzen in einen Topf geben und mit Wasser bedecken. Das Wasser zum Kochen bringen und das Fleisch im wallenden Sud weich kochen.

2 Den Tafelspitz in der Suppe auskühlen lassen. Dann das Fleisch in dünne Scheiben schneiden und auf einem Teller anrichten.

4 Das Olivenöl mit dem Meersalz und den gehackten Chilischoten einmal aufkochen lassen. Nach dem Erkalten in Flaschen füllen.

5 Aus Estragonessig, Salz und 2 EL Chiliöl eine Marinade rühren.

6 Die roten Zwiebeln in dünne Scheiben schneiden und auf dem Tafelspitz verteilen. Mit etwas heißer Suppe beträufeln und mit der Marinade abschmecken.

Bohnen-Chili-Püree mit Kerbel-Garnelen und Radicchio

Zutaten für 4 Personen

200 g weiße Bohnen
1 Rosmarinzweig
1 Cubanelle-Chili
8 Garnelen
Salz
2 EL Walnussöl
60 ml Portwein
1 Radicchio
2 EL Champagneressig
1 Handvoll Kerbel
2 EL Crème fraîche

1 Die Bohnen über Nacht in Wasser einweichen.

2 Am nächsten Tag den Rosmarinzweig dazugeben und die Bohnen ca. 1 1/2 Stunden weich kochen.

3 Das Kochwasser abgießen und beiseitestellen. Die fein gehackte Chilischote zu den Bohnen geben und alles pürieren. Dabei immer wieder etwas von dem Kochwasser hinzufügen, bis die Masse eine püreeartige Konsistenz hat.

4 Die Garnelen salzen und in dem erhitzten Walnussöl knusprig braten. Die Garnelen aus der Pfanne nehmen und den Satz mit dem Portwein ablöschen.

5 Den in Streifen geschnittenen Radicchio und den Essig in die Pfanne geben, kurz durchkochen lassen.

6 Den gehackten Kerbel dazugeben, die Crème fraîche und die Garnelen hinzufügen und nochmals erwärmen.

7 Das Püree auf einen Teller geben, die Garnelen und den Radicchio darauf anrichten.

Erbsen-Pfefferminz-schaum mit Chili-Kaninchen

Zutaten für 4 Personen

100 g Erbsen
250 ml trockener Weißwein
1/2 Zitrone
250 ml Sahne
Salz, Pfeffer
4 ausgelöste Kaninchenrückenstränge
2 Thai-Chili
Olivenöl
1/2 Bund Pfefferminze

1. Die Erbsen weich kochen und in Eiswasser abschrecken.
2. Den Weißwein und den Saft der halben Zitrone aufkochen, die Sahne hinzufügen. Diese Mischung mit den Erbsen pürieren, salzen und pfeffern.
3. Die Kaninchenrücken mit Salz und Pfeffer würzen. Das Olivenöl in einer Pfanne erhitzen und das Kaninchenfleisch mit den Chilischoten darin bei geringer Hitze braten (ca. 8 Minuten je Seite).
4. Die Pfefferminzblättchen von den Stielen zupfen und mit dem Erbsenschaum pürieren.
5. Die Kaninchenrücken aufschneiden. In einen Suppenteller geben und mit dem Erbsenschaum servieren.

Rosa Seeteufel-Nockerln in Chili-Gurkenfond

Zutaten für 4 Personen

400 g Seeteufel (küchenfertig vorbereitet)
1 Eiweiß
1 Zitrone
1 EL Tomatenmark
125 ml Sahne
Salz, Pfeffer
1 Salatgurke
250 ml Weißwein
1 EL gezupfter Thymian
1 TL Pimentón de la Vera (geräuchertes Chilipulver aus Spanien, erhältlich im spanischen Feinkostladen)
3 EL Butter

1 Den Seeteufel in kleine Würfel schneiden und gut kühlen.
2 Die Würfel mit dem Eiweiß, dem Saft der Zitrone, dem Tomatenmark und der Sahne vermengen und nochmals hacken. Die Fischmasse salzen und pfeffern, dann erneut kalt stellen.
3 Die Salatgurke mit einem Sparschäler schälen und in feine Scheiben schneiden.
4 In einem großen Topf Salzwasser zum Kochen bringen. Aus der Fischmasse mit einem Teelöffel kleine Nockerln formen.
5 Die Nockerln in das Salzwasser geben und 2 Minuten köcheln lassen, dann den Topf beiseitestellen.
6 Den Wein mit Salz, dem Thymian und dem Chilipulver aufkochen, die Gurken dazugeben und kurz ziehen lassen, mit der Butter verfeinern.
7 Die Gurken mit dem Fond in einen Suppenteller geben und mit den Nockerln servieren.

Lauwarme Rosmarin-Chili-Sardinen mit Schwarzbrotsalat

Zutaten für 4 Personen

60 ml Madeira
1 Peter-Pepper-Chili
1/2 gehackte Knoblauchzehe
1 EL gehackter Rosmarin
2 EL Rotweinessig
300 g ausgenommene Sardinen
Salz
Olivenöl
4 Scheiben Schwarzbrot
2 Handvoll Rucola

1 Den Madeira mit der gehackten Chilischote, dem Knoblauch, dem Rosmarin und dem Rotweinessig aufkochen.

2 Die noch heiße Marinade über die Sardinen geben, salzen und mit Olivenöl bedecken.

3 Die Brotscheiben in Würfel schneiden und in Olivenöl knusprig braten.

4 Die Sardinen in einer Pfanne gar braten.

5 Die Sardinen auf vier Teller verteilen.

6 Die Marinade über den Rucola geben und die Brotstücke untermengen.

7 Den Schwarzbrotsalat mit den Sardinen servieren.

Chili-Roastbeef von der Lammhüfte mit Tapenade

Zutaten für 4 Personen

500 g Lammhüfte
Salz, Pfeffer
2 EL Dijonsenf
3 EL Olivenöl
2 Thai-Chilis
150 g schwarze Oliven
100 g Sardellenfilets
1 EL Kapern
2 Basilikumblätter
1 EL gehackter Estragon

1 Die Lammhüfte salzen, pfeffern und mit dem Dijonsenf bestreichen.
2 Das Olivenöl in einer Pfanne erhitzen. Die Lammhüfte und die Chilischoten hineingeben und das Fleisch von beiden Seiten scharf anbraten. Die Lammhüfte im vorgeheizten Backofen bei 200 °C ca. 15 Minuten garen.
3 Die Lammhüfte im Backofen bei 60 °C ca. 10 bis 15 Minuten ruhen lassen.
4 In der Zwischenzeit die Oliven entkernen und zusammen mit den Sardellenfilets, den Kapern und den Basilikumblättern hacken.
5 Das Olivenöl zur Tapenade geben, nach Geschmack salzen.
6 Die Lammhüfte aufschneiden, mit Estragon bestreuen und mit der Tapenade servieren.

Knuspriges Sesam-Ei mit süß-saurer Marinade

Zutaten für 4 Personen

4 Eier

100 g Paniermehl

4 EL ungerösteter Sesam

100 g doppelgriffiges Mehl (z. B. Wiener Grießler)

2 Eier

Fett zum Frittieren

Für die Marinade

3 EL Honig

1 Ancho-Chili

4 EL Weißweinessig

1 EL zerstoßener rosa Pfeffer

1 EL Sesamöl

4 EL Wasser

Salz

1 Die Eier 6 Minuten kochen, unter fließend kaltem Wasser abschrecken und vorsichtig schälen.

2 Alle Zutaten der Marinade vermischen und mit Salz abschmecken.

3 Das Paniermehl mit dem Sesam vermischen.

4 Die gekochten Eier vorsichtig in Mehl, dann in verquirltem Ei und Sesambröseln wälzen.

5 Die panierten Eier in heißem Fett schwimmend knusprig ausbacken.

6 Die knusprigen Eier mit der Marinade servieren. Dazu passt ein gemischter Salat.

Geeistes Avocadoparfait mit Hummer in Chili und Knoblauch gebraten

Zutaten für 4 Personen

1 Hummer
1/2 TL Kümmel
1 Bund Dill
125 ml Weißwein
2 Avocados
1 Zitrone
1 Becher Crème fraîche
Salz, Pfeffer
500 ml Sahne
4 EL Butter
4 Knoblauchzehen
1 Pasilla-Chili
2 EL gehackte Petersilie

1. Das Salzwasser zum Kochen bringen. Kümmel, Dill und Weißwein zugeben. Den Hummer mit dem Kopf voran in das siedende Wasser geben und 8 Minuten kochen lassen.
2. Den Hummer aus dem Sud nehmen, erkalten lassen und dann das Fleisch ausbrechen. Dabei Magen und Darm entfernen.
3. Die Avocados schälen, in Würfel schneiden, mit Zitronensaft beträufeln und pürieren.
4. Die Crème fraîche zugeben, salzen und pfeffern. Die steif geschlagene Sahne unterheben.
5. Die Masse in eine mit Klarsichtfolie ausgelegte Form geben und 2 Stunden tiefkühlen.
6. Das Avocadoparfait aus der Form stürzen und in Scheiben schneiden. Auf einem Teller anrichten.
7. Das Hummerfleisch ebenfalls in Scheiben schneiden.
8. Die Butter mit den geschälten, fein gehackten Knoblauchzehen und der gehackten Chilischote aufschäumen.
9. Die Hummerscheiben dazugeben und von beiden Seiten kurz erwärmen.
10. Die Hummerscheiben auf dem Parfait anrichten und mit gehackter Petersilie bestreuen.

Panna cotta vom weißen Spargel mit Chili-Orangensauce

Zutaten für 4 Personen

8 Stangen weißer Spargel
Salz
1/2 Zitrone
4 Blatt Gelatine
500 ml Sahne
4 Orangen
1 Cayenne-Chili
2 EL Butter

1 Den Spargel schälen und in Salzwasser sehr weich kochen. Das Kochwasser abgießen, auffangen und beiseitestellen.

2 Den Spargel in kleine Stücke schneiden und mit etwas Kochwasser pürieren. Das Spargelpüree durch ein Sieb drücken.

3 Das Spargelpüree mit dem Saft der halben Zitrone würzen.

4 Die Gelatineblätter in kaltem Wasser einweichen. Nach 2 Minuten ausdrücken und bei schwacher Hitze erwärmen.

5 Die warme Gelatine unter die Spargelmasse rühren und die nicht ganz steif geschlagene Sahne unterheben.

6 Die Spargel-Gelatine-Mischung in vier mit kaltem Wasser ausgespülte Formen füllen und 2 Stunden kalt stellen.

7 Die Orangen auspressen und den Saft in einem kleinen Topf erwärmen, den Saft dabei auf die Hälfte reduzieren.

8 Die Chilischote entkernen, fein hacken und zum Orangenjus geben.

9 Die kalte Butter in Stücke schneiden und unter den Orangenjus rühren.

10 Die Spargel-Panna-Cotta auf Teller stürzen und mit der lauwarmen Orangensauce servieren.

In Brunnenkresse gebratene Jakobsmuscheln mit Chili-Rouille

Zutaten für 4 Personen

4 Safranfäden
2 Scheiben Weißbrot
1 EL Tomatenpüree
4 EL Olivenöl
1 Jalapeño-Chili
1 Knoblauchzehe
Salz, Pfeffer
8 Jakobsmuscheln
1 Zitrone
2 EL Butter
2 Handvoll Brunnenkresse

1 Die Safranfäden in einem Mörser pulverisieren.

2 Das entrindete, in Stücke geschnittene Weißbrot zugeben und mit dem Tomatenpüree, dem Olivenöl, der entkernten, gehackten Chilischote und der durchgepressten Knoblauchzehe zu einer feinen Paste verarbeiten. Nach Geschmack salzen.

3 Die Jakobsmuscheln mit Salz, Pfeffer und Zitronensaft würzen.

4 Das Olivenöl in einer Pfanne erhitzen, die Jakobsmuscheln darin von beiden Seiten 1 Minute scharf anbraten.

4 Die Muscheln aus der Pfanne nehmen, die Butter und die Hälfte der Brunnenkresse zu dem Bratensatz hinzufügen. Die Jakobsmuscheln nochmals kurz darin erwärmen.

5 Die Jakobsmuscheln mit der restlichen Kresse garnieren, auf der Rouille anrichten und servieren.

Seesaibling-Sushi mit Ingwer-Soja-Chili-Dip

Zutaten für 4 Personen

1 Tasse Sushireis (erhältlich im Asia-Laden)
2 EL Reisweinessig
1 EL Zucker
Salz
2 EL gehackter Ingwer
1 Thai-Chili
2 EL Sesamöl
8 EL Sojasauce, süß
4 Seesaiblingfilets

1 Den Reis waschen. In einem Topf 1 1/4 Tassen Wasser zum Kochen bringen, den Reis dazugeben und bei geringer Hitze im geschlossenen Topf etwa 15 bis 20 Minuten (je nach Packungsanweisung) köcheln lassen.
2 Den Reis von der Kochstelle nehmen und noch 10 Minuten im geschlossenen Topf ziehen lassen.
3 Den Reis mit Essig, Zucker und Salz würzen und auskühlen lassen.
4 Den Ingwer mit der gehackten Chilischote im Sesamöl anbraten. Die Sojasauce dazugeben und aufkochen lassen, dann kalt stellen.
5 Die Saiblingfilets in ca. 1 cm dicke Scheiben schneiden.
6 Den erkalteten Reis zu walnussgroßen Bällchen formen und leicht zusammendrücken.
7 Den Saibling auf die Reisbällchen geben und mit dem kalten Ingwer-Soja-Chili-Dip servieren.

Blumenkohl-Chili-Terrine mit Flusskrebsen

Zutaten für 4 Personen

16 Flusskrebse
2 EL Dill
Salz
1 Blumenkohl
2 Jalapeño-Chilis
5 Blatt Gelatine
250 ml Sahne
250 ml Weißwein
2 EL Butter

1. Die Flusskrebse mit 1 EL Dill in siedendes Salzwasser geben und 5 Minuten kochen. Die Flusskrebse herausnehmen, den Sud aufheben.
2. Das Krebsfleisch ausbrechen und kalt stellen.
3. Den Sud durch ein Sieb gießen und den Blumenkohl darin weich kochen.
4. Den Blumenkohl aus dem Kochwasser nehmen und mit den gehackten Chilischoten pürieren.
5. Die Gelatineblätter in kaltem Wasser einweichen, nach 2 Minuten ausdrücken und bei geringer Hitze erwärmen.
6. Die warme Gelatine unter die Blumenkohlmasse rühren.
7. Die Sahne steif schlagen und unter die Blumenkohl-Gelatine-Masse heben.
8. Die Blumenkohlmousse in eine Terrine füllen und mindestens 2 Stunden kühlen.
9. 1 EL gehackten Dill mit dem Weißwein aufkochen. Die Butter und die Flusskrebse dazugeben und lauwarm mit der Terrine servieren.

Yam Talay
(scharfer Meeresfrüchtesalat mit Chilis nach thailändischer Art)

Zutaten für 4 Personen

1 grüne Paprika
100 g Erbsenschoten
100 g Sojasprossen
2 Lauchzwiebeln
Öl zum Braten
1 Thai-Chili
1 l Gemüsefond
2 EL Limettensaft
1 EL Austernsauce (erhältlich im Asia-Laden)
1 TL Zucker
4 Zitronenblätter
etwas Koriander
4 Garnelen
4 Jakobsmuscheln
100 g gekochte Calamari

1. Die von Scheidewänden und Kernen befreite Paprika und die Erbsenschoten in Streifen, die Lauchzwiebeln in Ringe schneiden.
2. Das Öl in einem Topf erhitzen und das Gemüse mit den Sojasprossen darin andünsten.
3. Die Thai-Chili halbieren und dazugeben.
4. Die Gemüsemischung mit Gemüsefond aufgießen und einmal aufkochen lassen, die Chili wieder entfernen.
5. Den Limettensaft, die Austernsauce, den Zucker, die Zitronenblätter und den Koriander beimengen, kurz ziehen lassen.
6. Die Meeresfrüchte in die Gemüsesuppe geben und 5 Minuten köcheln lassen.
7. Das Yam Talay heiß servieren.

Kleine Gerichte

Strozzapreti mit sonnengetrockneten Tomaten, Kaninchenkeule, Parmesan und Estragon-Chili-Pesto

Zutaten für 4 Personen

3 Kaninchenkeulen à 120 g
1 rote Zwiebel
100 g getrocknete Tomaten
Olivenöl
500 ml Gemüsefond
Salz
4 EL Estragon
1 Jalapeño-Chili
300 g Strozzapreti (kurze gedrehte Hartweizennudeln)
150 g Parmesan

1 Die Kaninchenkeulen von den Knochen befreien, das Fleisch in kleine Würfel schneiden.

2 Die Zwiebel schälen und ebenso wie die Tomaten in kleine Würfel schneiden. Das Olivenöl in einem Topf erhitzen. Die Zwiebel- und Tomatenwürfel darin anbraten.

3 Das Kaninchenfleisch dazugeben und 5 Minuten mitbraten.

4 Den Gemüsefond aufgießen, salzen und ca. 20 Minuten kochen, bis das Fleisch weich ist.

5 Den Estragon mit der entkernten Chilischote und 5 EL Olivenöl mit dem Stabmixer aufmixen, das Pesto salzen.

6 Die Pasta laut Packungsangabe zubereiten und noch warm unter das Kaninchenragout mischen.

7 Das Estragon-Chili-Pesto untermengen. Das Ragout mit frisch gehobeltem Parmesan servieren.

Vanille-Chili-Risotto mit Kaisergranat

Zutaten für 4 Personen

1 Zwiebel
1 Peter-Pepper-Chili
Olivenöl
300 g Risottoreis
250 ml Weißwein
1 Vanilleschote
750 ml Gemüsefond
20 Kaisergranatschwänze
4 EL Butter
20 ml Cognac
Salz
2 EL Schnittlauch

1 Die Zwiebel schälen und fein würfeln. Die entkernte Chilischote fein hacken.

2 Das Olivenöl in einem Topf erhitzen. Die Zwiebel und die Chili darin glasig schwitzen. Den Risottoreis dazugeben und 5 Minuten anschwitzen, ohne dass er Farbe annimmt.

3 Den Risotto mit Weißwein ablöschen, das ausgekratzte Mark der Vanilleschote dazugeben.

4 Den Risotto 16 Minuten kochen lassen, dabei unter stetigem Rühren immer wieder mit heißem Gemüsefond aufgießen.

5 Die Kaisergranatschwänze schälen, vom Darm befreien und zu dem Risotto geben.

6 Noch einmal aufkochen lassen, die Butter und den Cognac beimengen.

7 Den Risotto von der Platte nehmen und 5 Minuten zugedeckt stehen lassen.

8 Den Risotto salzen, mit Schnittlauch bestreuen und gleich servieren.

Maishuhnsaté mit Chili-Erdnusscreme und Grapefruit

Zutaten für 4 Personen

2 Maishuhnbrüste à ca. 130 g
1 EL Honig
1 EL Reisweinessig
Salz
Öl zum Braten
180 g Erdnusskerne (nicht geröstet, nicht gesalzen)
Wasser
1 Thai-Hot-Chili
1 EL Crème fraîche
2 rosa Grapefruits

1 Das Hühnchenfleisch in zentimetergroße Würfel schneiden.

2 Honig, Essig und Salz zu einer Marinade rühren.

3 Die Fleischwürfel 1/2 Stunde darin marinieren, dann auf Spieße stecken.

4 Die Erdnusskerne mit Wasser und der entkernten Chilischote pürieren, bis die Masse eine cremige Konsistenz hat. Die Creme mit Salz und Crème fraîche abschmecken.

5 Die Hühnerspieße bei mäßiger Hitze in dem Öl beidseitig anbraten.

6 Die Grapefruits filetieren. Die garen Hühnerspieße aus der Pfanne nehmen und die Grapefruitfilets in dem Bratensatz schwenken.

7 Die Satéspieße auf den Grapefruitfilets anrichten und mit der Erdnusscreme servieren.

Vegetarische Chili-Moussaka mit Schafskäse

Zutaten für 4 Personen

4 große Kartoffeln
Salz
1 EL Speisestärke
2 Eigelb
2 Auberginen
4 EL Olivenöl
1 Tabasco-Chili
4 Tomaten
1 TL Thymian
200 g Schafskäse (Feta)

1 Die Kartoffeln schälen und in Salzwasser weich kochen.
2 Kurz ausdampfen lassen und durch eine Kartoffelpresse drücken.
3 Das Kartoffelpüree mit Salz, Speisestärke und den Eigelben vermengen.
4 Die Auberginen in Scheiben schneiden.
5 Das Olivenöl in einer Pfanne erhitzen, darin die Auberginenscheiben mit der halbierten Chilischote anbraten, salzen.
6 Die Tomaten in Scheiben schneiden und mit Thymian bestreuen.
7 Eine feuerfeste Form schichtweise mit Kartoffelpüree, Auberginen, Tomaten und dem grob geriebenen Schafskäse auslegen. Mit Schafskäse abschließen.
8 Die Moussaka ca. 35 Minuten im auf 180 °C vorgeheizten Backofen garen.
9 Die Moussaka mit einem gemischten Salat reichen.

Lasagne von Tomate mit Thaibasilikum und Chilicrevetten

Zutaten für 4 Personen

2 EL Butter
1 EL Mehl
250 ml Sahne
250 ml Tomatensaft
Salz
1 Ei
5 Tomaten
500 g Lasagneblätter
1 Zwiebel
1 Knoblauchzehe
1 Thai-Chili
Olivenöl
200 g Crevetten
4 EL gehacktes Thaibasilikum
1 Zitrone

1 Die Butter in einem Topf schmelzen und das Mehl darin anschwitzen. Mit Sahne und Tomatensaft aufgießen und 5 Minuten kochen lassen. Salzen und das Ei untermengen.

2 Die Tomaten in Scheiben schneiden. Schichtweise Tomaten, Tomatensauce und Lasagneblätter in eine feuerfeste Form geben.

3 Die Lasagne in den auf 160 °C vorgeheizten Backofen geben und ca. 45 Minuten goldgelb backen.

4 In der Zwischenzeit die Zwiebel und den Knoblauch schälen und mit der entkernten Chilischote fein hacken.

5 Das Olivenöl in einem Topf erhitzen. Zwiebel, Knoblauch und Chili darin braun rösten. Den Topf von der Kochstelle nehmen und die Crevetten unterrühren. Mit Salz abschmecken.

6 Die Crevetten mit dem Thaibasilikum und Zitronensaft würzen.

7 Die Lasagne aus dem Backofen nehmen und mit den Crevetten servieren.

Pastrami-Sandwich mit Schnittlauch-Chili-Sauce

Zutaten für 4 Personen

250 ml Olivenöl
1 Ei
1 Ancho-Chili
Salz, Pfeffer
1/2 Zitrone
1 EL Pommerysenf
1 Bund Schnittlauch
4 kleine Baguettebrötchen
3 EL Butter
4 Salatblätter
4 Essiggurken
400 g Pastrami (am besten vom Pferd)

1. Das Olivenöl mit dem Ei, der entkernten Chilischote, Salz, Pfeffer, dem Saft der halben Zitrone und dem Senf in einem schmalen, hohen Gefäß mit dem Stabmixer zu einer cremigen Mayonnaise verrühren.
2. Den Schnittlauch in feine Röllchen schneiden und unter die Mayonnaise heben.
3. Die Baguettebrötchen aufschneiden, die Schnittseiten kurz in heißer Butter anbraten.
4. Die unteren Hälften der Baguettebrötchen mit je einem Salatblatt belegen und mit gehackten Essiggurken bestreuen.
5. Die Pastrami darauf verteilen und mit der Mayonnaise dekorieren.
6. Die oberen Brötchenhälften darauf setzen und die Sandwichs servieren.

Sauté vom Steinpilz mit Chili und Liebstöckel

Zutaten für 4 Personen

400 g Steinpilze
1 EL getrockneter Majoran
Olivenöl
1 Zwiebel
1 Knoblauchzehe
3 EL Butter
1 Peter-Pepper-Chili
2 EL gehackter Liebstöckel
Salz
1/2 Zitrone

1 Die Steinpilze putzen und beiseitestellen. Die Putzreste mit Wasser und dem Majoran zustellen und zum Kochen bringen.

2 Den Pilzsud 10 Minuten kochen lassen, danach durch ein Küchentuch passieren.

3 Die Steinpilze in Scheiben schneiden. Das Olivenöl in einer Pfanne erhitzen. Die Steinpilze darin scharf anbraten.

4 Die Zwiebel und den Knoblauch schälen und klein würfeln, zu den Pilzen geben.

5 Die Hälfte der Butter sowie die entkernte und fein gehackte Chilischote zu den Pilzen geben, den Liebstöckel unterrühren.

6 Die Pilze mit Salz und Zitronensaft abschmecken und auf Suppentellern anrichten.

7 Den Pilzfond aufkochen, mit der restlichen Butter aufmixen und über die heißen Pilze geben.

Kalbsbries mit Chili-Noilly-Prat-Butter und Walnüssen

Zutaten für 4 Personen

500 g Kalbsbries (küchenfertig, gewässert)
Olivenöl
250 ml Noilly Prat
250 ml Geflügelfond
1 Cayenne-Chili
1 Zwiebel
4 EL Crème double
Salz
3 EL Butter
4 EL Walnüsse

1 Das Kalbsbries abtrocknen und in Scheiben schneiden.

2 Das Olivenöl in einer Pfanne erhitzen. Das Kalbsbries beidseitig bei mäßiger Hitze goldbraun braten, dann beiseitestellen.

3 Den Noilly Prat auf die Hälfte der Menge reduzieren und mit dem Geflügelfond aufgießen.

4 Die Chilischote und die Zwiebel fein hacken und zu dem Fond geben, 5 Minuten mitkochen. Die Crème double dazugeben, salzen und aufmixen.

5 Die Butter und die gehackten Walnüsse zu den Briesscheiben geben und die Butter braun werden lassen.

6 Das Bries mit den Nüssen und dem Noilly-Prat-Schaum servieren.

Farfalle mit Speck, Erbsen, Chili und Minzpesto

Zutaten für 4 Personen

500 g Farfalle
150 g Erbsen
1 Ei
100 ml Sahne
1 Peter-Pepper-Chili
Salz
12 Scheiben Speck
1 Zweig Minze
150 g geriebener Parmesan

1 Salzwasser in einem Topf zum Kochen bringen, die Farfalle laut Packungsanweisung zubereiten. 1 1/2 Minuten vor Ende der Kochzeit die Erbsen in das Nudelwasser geben und mitblanchieren.

2 Das Ei mit der Sahne und der entkernten und fein gehackten Chilischote verquirlen, mit Salz würzen.

3 Den in Streifen geschnittenen Speck in einer Pfanne knusprig braten.

5 Die Erbsen-Farfalle zu dem Speck geben und schnell die Sahnemasse unterrühren.

6 Die Minzeblätter dazugeben. Die Farfalle sofort in Pastatellern servieren. Mit geriebenem Parmesan bestreuen.

Spargel-Cordon-Bleu mit Chilibröseln

Zutaten für 4 Personen

8 dicke Stangen weißer Spargel
Salz
250 g Explorateur
8 Scheiben roher Schinken
8 Scheiben gekochter Schinken
1 Thai-Chili
100 g Paniermehl
100 g Mehl
2 Eier
Öl zum Frittieren

1 Den Spargel schälen und die Enden abschneiden und in Salzwasser kochen.
2 Die garen Spargelstangen längs halbieren.
3 Den Käse in Streifen schneiden und die Spargelhälften damit belegen.
4 Die anderen Hälften darauf setzen und die Stangen mit dem Schinken umwickeln.
5 Die Chilischote fein hacken und mit dem Paniermehl mischen.
6 Den Spargel nacheinander in Mehl, den verquirlten Eiern und Paniermehl wenden.
7 Den Spargel in heißem Öl ausbacken und heiß servieren.

Gedämpfter Chili-Mangold-Strudel im Karotten-Gewürzmilchfond

Zutaten für 4 Personen

Für den Teig

500 g Mehl
250 ml lauwarmes Wasser
1 TL Salz
4 EL Öl zum Bestreichen

Für die Füllung

1 Mangold
1 Cubanelle-Chili
Salz
Muskat
2 EL Butter
2 EL Paniermehl

Für den Fond

2 Karotten
250 ml Milch
1 Zimtstange
Salz
1/2 TL Kümmel
125 ml Sahne

1 Für den Teig Mehl, Wasser, Salz und Öl zu einem geschmeidigen Teig verkneten, dann mit Öl bestreichen. Den Teig mit Folie bedecken und mindestens eine halbe Stunde ruhen lassen.

2 Den Mangold in Streifen schneiden und mit der fein gehackten Chilischote, Salz und Muskat in Butter dünsten.

3 Den Mangold erkalten lassen und mit Paniermehl binden.

4 Den Teig auf einer bemehlten Fläche dünn ausziehen, in kleine Quadrate schneiden und den Mangold darauf verteilen. Dabei die Ränder freilassen. Die Teigquadrate zu Taschen schließen, die Ränder gut zusammendrücken.

5 Die Mangoldtaschen im Gefrierfach anfrieren (15 Minuten).

6 Die Karotten schälen und fein hacken, mit Milch, Zimt, Salz und Kümmel weich kochen.

7 Die Gewürze aus der Karottenmilch entfernen, den Fond mit einem Stabmixer pürieren und die Sahne hinzufügen.

8 Die Strudeltaschen in kochendem Salzwasser so lange pochieren, bis sie an der Oberfläche schwimmen.

9 Die Strudeltaschen mit dem aufgeschäumten Karotten-Gewürzmilch-Fond servieren.

Für den Teig können Sie auch fertige Filoteigplatten (erhältlich im griechischen Feinkostladen) verwenden.

Thank you
Enjoy
福

Calamari im Kokos-Chili-Backteig

Zutaten für 4 Personen

400 g Calamari
Salz
1/2 TL Thymian
1 Zitrone
2 Lorbeerblätter

Für den Teig

200 g Mehl
Salz
250 ml Weißwein (oder Bier)
2 Eier
3 TL Öl
2 Serrano-Chilis
50 g Kokosflocken
Öl zum Frittieren

1 Die Calamari putzen und in Salzwasser mit dem Thymian, dem Saft der Zitrone und den Lorbeerblättern weich kochen.

2 Aus Mehl, Salz, Weißwein, Eigelb und Öl einen geschmeidigen Teig rühren.

3 Die Chilischoten entkernen, fein hacken und mit den Kokosflocken in einer Pfanne ohne Fett vorsichtig rösten. (Vorsicht, die Chilis verbrennen sehr schnell.)

4 Die Eiweiße steif schlagen.

5 Das Kokos-Chili-Gemisch mit dem Teig vermengen und den Eischnee vorsichtig unterheben.

6 Die Calamari in Ringe schneiden, durch den Backteig ziehen und in heißem Öl schwimmend ausbacken.

Halbgefrorener Kefir mit Chili-Blini und Ketakaviar

Zutaten für 4 Personen

4 Becher Kefir
Salz, Pfeffer
250 ml Sahne
1 Glas Keta-Kaviar
1 EL Schnittlauchröllchen

Für die Blinis

500 ml Milch
1/2 TL Zucker
10 g Hefe
250 g Buchweizenmehl
1 Jalapeño-Chili
Salz
25 g Butter
1 Eigelb
Olivenöl
1 Zitrone

1. 125 ml Milch mit Zucker lauwarm werden lassen, die Hefe darin auflösen.
2. Das Mehl in eine Schüssel sieben, in die Mitte eine Mulde drücken und die Hefemischung hineingießen.
3. Noch ein wenig Mehl unter den Vorteig mengen und ihn an einem warmen Ort ca. 20 Minuten gehen lassen.
4. Die Chilischote entkernen, fein hacken und unter den Teig mischen.
5. Die restliche Milch mit Salz, geschmolzener Butter und dem Eigelb unter den Teig rühren.
6. Den Teig nochmals 90 Minuten gehen lassen.
7. Den Kefir mit Salz und Pfeffer würzen, die geschlagene Sahne unterheben.
8. Die Kefirmasse in eine mit Klarsichtfolie ausgelegte Form geben und 2 Stunden tiefkühlen.
9. Den Bliniteig löffelweise in eine Pfanne mit mittelheißem Olivenöl geben und von beiden Seiten 4 Minuten goldbraun backen.
10. Den Kefir aus dem Tiefkühlfach nehmen, mit einem Löffel portionieren und mit dem Kaviar und den Blinis anrichten.
11. Die Blinis mit Schnittlauch bestreuen und mit Zitronenspalten dekorieren.

Gelbes Chili-Gulyas vom Bresse-Huhn

Zutaten für 4 Personen

1 Bresse-Huhn
2 Zwiebeln
1 Knoblauchzehe
Olivenöl
3 gelbe Paprikas
1 Red-Habanero-Chili
125 ml Weißwein
500 ml Geflügelfond
Salz
3 EL Crème fraîche
1 EL gehackter Majoran
2 EL gehackte Petersilie

1 Das Huhn enthäuten, entbeinen und das Fleisch in grobe Würfel schneiden.

2 Die Zwiebeln und den Knoblauch schälen und in kleine Würfel schneiden. Das Olivenöl in einem Topf erhitzen. Zwiebel und Knoblauch darin glasig dünsten.

3 Die Paprikas von Scheidewänden und Kernen befreien, würfeln und mit der gehackten Chili zu den Zwiebeln geben. Die Chili mitrösten, ohne dass sie Farbe annehmen.

4 Das Gulyas mit Weißwein ablöschen und mit Geflügelfond aufgießen. Das Hühnerfleisch dazugeben und weich kochen.

5 Das gare Hühnerfleisch aus dem Gulyas-Fond nehmen. Den Fond salzen und mit der Crème fraîche pürieren.

6 Die Fleischwürfel wieder in den Gulyas-Fond geben und mit Majoran und Petersilie nochmals aufkochen.

Pecorino mit Honig-Chili-Marinade und Rosmarincrostini

Zutaten für 4 Personen

500 g junger Pecorino

Für die Marinade

2 New-Mexican-Chili
6 EL Honig
2 EL Weißweinessig
1 EL Meersalz

Für die Crostini

1 Stange Baguette
Olivenöl
1 Zweig Rosmarin

1 Die Chilischoten fein hacken und mit dem Honig, dem Weißweinessig und dem Meersalz zu einer Marinade verrühren.

2 Den Pecorino mit der Marinade bestreichen und mindestens 3 Stunden ziehen lassen.

2 Das Baguette in 3 cm dicke Scheiben schneiden. Das Olivenöl in einer Pfanne erhitzen. Das Baguette darin mit dem gehackten Rosmarin knusprig braten.

3 Die heißen Baguettescheiben mit dem Käse anrichten.

Rucolasalat mit Oliven und Chili-Parmesanchips

Zutaten für 4 Personen

4 Handvoll Rucola
2 Chilis (New Mexican oder Anaheim)
400 g Parmesan am Stück
50 ml Balsamicoessig (ganz frisch)
150 ml Olivenöl
Salz, Pfeffer
16 grüne Oliven
16 schwarze Oliven

1. Den Rucola waschen, die groben Stiele entfernen und in der Salatschleuder trockenschleudern.
2. Die Chilischoten entkernen und fein hacken, den Parmesan fein reiben.
3. Den Parmesan dünn auf ein mit Backpapier belegtes Backblech streuen. (Es dürfen keine Zwischenräume bleiben.) Die gehackten Chilischoten gleichmäßig darauf verteilen.
4. Das Blech in den auf 200 °C (Umluft) vorgeheizten Backofen geben, bis der Parmesan schmilzt und goldgelb wird.
5. Die Chili-Parmesanplatte aus dem Backofen nehmen, kurz abkühlen lassen, dann in gleichmäßige Chips schneiden und erkalten lassen.
6. Den Balsamicoessig und das Olivenöl mit Salz und Pfeffer verrühren und zu einer homogenen Masse aufschlagen.
7. Die Oliven entkernen und in Streifen schneiden.
8. Den Rucola mit dem Dressing marinieren und mit den Oliven und den Chips anrichten.

Schafskäse-Chili-Terrine mit Ahornsirup

Zutaten für 4 Personen

300 g Schafskäse
50 g Jogurt
Salz
1 Thai-Chili
5 Blatt Gelatine
250 ml Sahne
4 EL Ahornsirup
grob gemahlener schwarzer Pfeffer zum Verzieren

1 Den Schafskäse mit dem Jogurt glatt rühren und salzen. Die gehackte und entkernte Chilischote untermischen.

2 Die Gelatine in kaltem Wasser einweichen, nach 5 Minuten ausdrücken und erwärmen. Die warme Gelatine unter die Schafskäsemasse rühren.

3 Die Sahne halbsteif schlagen und unter die Jogurt-Käse-Masse heben. Die Creme in kleine Formen füllen und 2 Stunden kalt stellen.

4 Die Förmchen aus dem Kühlschrank nehmen und stürzen. Die Schafskäse-Chili-Terrinen mit Ahornsirup begießen und mit grob gemahlenem Pfeffer bestreuen.

Geschmolzener Cheddar mit Chili-French-Toast

Zutaten für 4 Personen

500 g Cheddar
1 Jalapeño-Chili
6 EL Milch
2 Eier
4 Scheiben Toastbrot
Salz
50 g Butterschmalz

1 Den Käse in 1 cm dicke Scheiben schneiden und auf ein mit Backpapier ausgelegtes Backblech legen.

2 Die Käsescheiben im vorgeheizten Backofen bei 190 °C schmelzen lassen.

3 Die Chilischote entkernen, fein hacken und mit der Milch aufkochen. Die Chili-Milch etwas abkühlen lassen.

4 Die Eier unter die Chili-Milch rühren, die Toastbrotscheiben darin wenden und salzen.

5 Die getränkten Toastscheiben in Butterschmalz knusprig braten, dann auf Küchenpapier abtropfen lassen.

6 Den geschmolzenen Käse auf die Toasts geben und heiß servieren.

Käse-Chili-Suppe (Fondue) mit Sherry-Äpfel

Zutaten für 4 Personen

100 g Appenzeller
100 g Emmentaler
100 g Gruyère
100 g Gouda
500 ml Weißwein
Salz
1 Thai-Chili
2 Äpfel (Granny Smith)
20 ml Sherry

1 Alle Käsesorten reiben, in einen Topf geben und mit dem Weißwein vermengen.

2 Die Käse-Wein-Mischung unter ständigem Rühren schmelzen, salzen und mit der fein gehackten Chilischote würzen.

3 Die Äpfel in schmale Spalten schneiden und mit dem Sherry marinieren.

4 Die Käse-Chili-Suppe auf vier Teller verteilen und mit den Sherry-Äpfeln dekorieren.

Gebratene Chilifeigen mit Ziegenfrischkäse

Zutaten für 4 Personen

8 reife Feigen
2 EL Portwein
2 EL Cassis
2 EL Wasser
1 Carmen-Chili
Salz
250 g Ziegenfrischkäse

1 Die Feigen mit einer spitzen Nadel einstechen.

2 Für die Marinade Portwein, Cassis und Wasser vermischen und mit der halbierten Chilischote aufkochen und mit Salz abschmecken.

3 Die Feigen mit der Marinade beträufeln und mindestens 12 Stunden im Kühlschrank ziehen lassen.

4 Die Feigen vor dem Servieren auf Zimmertemperatur bringen und mit dem Ziegenfrischkäse anrichten.

Explorateur-Chili-Torte mit Nüssen

Zutaten für 4 Personen

400 g Explorateur
2 EL Portwein
2 EL Sherry
2 Carmen-Chilis
100 g gehackte Walnüsse

1. Den Käse entrinden und mit einem Mixer cremig rühren.
2. Portwein und Sherry mischen, mit den gehackten Chilischoten aufkochen und die Käsecreme darunterrühren.
3. Die Käsecreme in eine Tortenform geben und 2 Stunden kalt stellen.
4. Die Käsetorte vor dem Servieren mit den Walnüssen bestreuen und in dreieckige Stücke schneiden.

Vacherin Mont d'Or mit lauwarmer Birnen-Chili-Marinade

Zutaten für 4 Personen

500 g Vacherin Mont d'Or
250 ml weißer Portwein
125 ml Weißwein
1 Zimtstange
1 Vanilleschote
2 Birnen
1 Thai-Chili
Salz

1 Portwein und Weißwein mischen, mit der Zimtstange und der Vanilleschote aufkochen.

2 Die geschälten, entkernten und in Würfel geschnittenen Birnen und die entkernte, fein gehackte Chilischote dazugeben und weich kochen.

3 Die Birnen-Chili-Marinade mit Salz abschmecken und warm mit dem Vacherin servieren.

Grana in Grappa und Chili eingelegt mit Kaffeebohnen

Zutaten für 4 Personen

500 g Grana
2 Cayenne-Chilis
2 EL Kaffeebohnen
2 EL Honig
80 ml Grappa

1 Die Chilischoten entkernen und fein hacken.
2 Die Kaffeebohnen in der Küchenmaschine grob mahlen.
3 Chilischoten, Kaffeebohnen, Honig und Grappa zu einer Marinade verrühren und den Käse damit bedecken.
4 Den Grana 3 Stunden an einem warmen Ort marinieren.
5 Den Grana von der Marinade befreien und servieren.

Ziegenkäse in der Asche mit Chili-Mango-Chutney

Zutaten für 4 Personen

500 g Ziegenkäse in der Asche (z. B. Cabri gatineau)
1 Mango
1 Zwiebel
1 Knoblauchzehe
2 EL Butter
2 EL Honig
1 Thai-Chili
Salz

1 Die Mango schälen, das Fruchtfleisch vom Stein lösen und in Würfel schneiden.

2 Die Zwiebel und die Knoblauchzehe schälen und in feine Würfel schneiden. Die Butter in einer Pfanne erhitzen, die Zwiebel und den Knoblauch darin goldgelb dünsten.

3 Den Honig und die gehackte Chilischote in die Pfanne geben, salzen.

4 Die Mangowürfel unterrühren und kurz durchschwitzen.

5 Das Chutney in ein Glas geben und dieses luftdicht verschließen. Das Chutney 2 Tage ziehen lassen.

6 Das Chutney mit dem Ziegenkäse servieren.

Butterkäse in Chili-Bröseln gebacken mit Salzgurken

Zutaten für 4 Personen

400 g Butterkäse
1 Thai-Chili
100 g Paniermehl
100 g Mehl
2 Eier
Öl zum Frittieren
4 Salzgurken

1 Die Chilischote entkernen, fein hacken und unter das Paniermehl mischen.

2 Den Butterkäse in grobe Scheiben schneiden. Die Scheiben nacheinander in Mehl, verquirltem Ei und der Chili-Panade wenden.

3 Das Öl erhitzen und den Käse schwimmend rasch ausbacken. Die frittierten Käsescheiben aus der Pfanne nehmen und auf einem Küchenpapier abtropfen lassen.

4 Die Salzgurken in Scheiben schneiden und mit dem heißen Käseschnitzel servieren.

Hauptspeisen

Taube mit Gänseleber-Brioche-Füllung im Chili-Pfirsich-Sud

Zutaten für 4 Personen

400 g Hefezopf (Brioche)
250 ml Milch
Salz
1 EL gehackter Majoran
150 g Gänseleber
1 Ei
4 küchenfertige Tauben
Olivenöl
4 frische Pfirsiche
125 ml Weißwein
2 EL Butter
1 Thai-Chili
1 Zitrone

1 Die Brioche in Würfel schneiden und in eine Schüssel geben.

2 Die Milch mit Salz, Majoran und der klein geschnittenen Gänseleber aufkochen, das Ei dazugeben und die Masse pürieren.

3 Die Brioche mit der Eimasse übergießen und gut verrühren.

4 Die Tauben innen und außen waschen, trocknen und mit der Briochemasse füllen.

5 Das Olivenöl in einer Pfanne erhitzen. Darin die Tauben rundherum scharf anbraten.

6 Die Tauben im auf 180 °C vorgeheizten Backofen ca. 15 Minuten braten.

7 In der Zwischenzeit die Pfirsiche in gleich große Spalten schneiden.

8 Den Weißwein mit der Butter und der fein gehackten Chilischote erwärmen. Zitronensaft und Salz dazugeben. Die Pfirsichspalten in dem Sud erhitzen. Beiseitestellen.

9 Die Tauben aus dem Ofen nehmen und den ausgetretenen Bratensaft zu den Pfirsichen geben.

10 Die Tauben mit den Pfirsichspalten anrichten und servieren.

Mein Chili
(Chili con Carne mit vier Sorten Fleisch)

Zutaten für 4 Personen

50 g weiße Bohnen
50 g rote Bohnen
2 Zwiebeln
Olivenöl
2 Knoblauchzehen
2 Thai-Chilis
100 g Hühnerbrust
100 g Kalbsfilet
100 g Rinderfilet
100 g Schweinefilet
1 Dose geschälte Tomaten
1 EL Paprikapulver
100 g Maiskörner aus der Dose
Salz
2 EL gehackte Bitterschokolade (70 % Kakao)

1. Die Bohnen über Nacht in Wasser einweichen.
2. Die Zwiebeln schälen und in grobe Würfel schneiden.
3. Das Olivenöl in einem Topf erhitzen. Die Zwiebeln darin anbraten, den ausgepressten Knoblauch und die ganzen Chilischoten dazugeben.
4. Alle Fleischsorten in gleich große Würfel schneiden.
5. Das Fleisch zu dem Zwiebelgemisch geben und kurz mitdünsten.
6. Die geschälten Tomaten und das Paprikapulver dazugeben.
7. Die eingeweichten Bohnen untermengen. Das Chili wenn nötig mit Wasser aufgießen.
8. Das Chili so lange kochen, bis die Bohnen und das Fleisch weich sind.
9. Die Maiskörner dazugeben und einige Minuten erwärmen.
10. Das Chili mit Salz abschmecken und die gehackte Schokolade untermengen.

Mit Chili und Kreuzkümmel marinierter Honigschweinebraten auf Erdnusskraut

Zutaten für 4 Personen

500 ml Weißwein
2 EL Kreuzkümmel
2 EL Honig
Salz
2 Cayenne-Chilis
1,5 kg Schweinebraten
Olivenöl
1 Knoblauchzehe
1 Weißkohl
Erdnussöl
1 Zwiebel
2 EL Zucker
200 g gehackte Erdnüsse
weißer Balsamicoessig

1 Den Weißwein mit Kreuzkümmel, Honig, Salz und den gehackten Chilischoten aufkochen. Die Marinade über den Schweinebraten gießen, über Nacht stehen lassen.

2 Etwas Olivenöl in eine feuerfeste Form geben. Das Fleisch aus der Marinade nehmen und von allen Seiten scharf anbraten. Die Form in den auf 195 °C vorgeheizten Backofen stellen.

3 Nach 10 Minuten Bratzeit den Knoblauch hinzufügen und mit der Marinade aufgießen.

4 Die Ofentemperatur auf 160 °C reduzieren und das Fleisch ca. 2 Stunden braten.

5 In der Zwischenzeit den Weißkohl in feine Streifen schneiden und in Erdnussöl leicht anbraten.

6 Die geschälte und in Streifen geschnittene Zwiebel dazugeben, mit Zucker bestreuen und leicht karamellisieren lassen.

7 Den Weißkohl mit 250 ml Wasser ablöschen, die Erdnüsse dazugeben und kochen lassen, bis der Kohl weich ist.

8 Das Erdnusskraut mit Balsamicoessig und Salz würzen.

9 Den Braten aus dem Backofen nehmen, aufschneiden und auf dem Erdnusskraut servieren.

Marokkanischer Kalbstafelspitz in Chili und Gewürzen geschmort mit Orangen-Couscous

Zutaten für 4 Personen

1 Zwiebel
Olivenöl
1 EL Kreuzkümmel
2 Sternanis
2 Lorbeerblätter
1 EL Senfkörner
1 EL Korianderkörner
1 EL Honig
1 Japanello-Chili
250 ml Portwein
250 ml Rotwein
1 l Hühnerfond
Salz
500 g Kalbstafelspitz
200 g Couscous
4 Orangen
2 EL Butter
einige Blätter Minze

1. Die Zwiebel schälen und in grobe Würfel schneiden. Das Olivenöl in einem Topf erhitzen. Die Zwiebel darin anbraten.
2. Die Gewürze, den Honig und die Chilischote zu den Zwiebeln geben und kurz durchschwenken. Mit Portwein und Rotwein ablöschen.
3. Den Hühnerfond aufgießen, salzen und einmal aufkochen lassen.
4. Den Tafelspitz in den Fond geben und ca. 40 Minuten weich dünsten.
5. Das Couscous laut Packungsangabe zubereiten.
6. Die Orangen schälen und filetieren.
7. Den Tafelspitz aus dem Fond nehmen, die Gewürze entfernen und den Fond auf die Hälfte der Menge einkochen.
8. Die Orangenfilets unter das Couscous mischen und auf einem Teller anrichten.
9. Den Tafelspitz in Scheiben schneiden und auf dem Couscous verteilen.
10. Den Fond mit Butter vollenden und über den Tafelspitz gießen.
11. Die angerichteten Teller mit Minze dekorieren.

Lammkeule in Kräuter-Chili-Jogurt gebraten mit Tomaten und Kichererbsen

Zutaten für 4 Personen

150 g Kichererbsen
1 Lammkeule à ca. 1,5 kg, entbeint
1 Knoblauchzehe
Salz
Olivenöl
1 Bund Maggikraut
1 EL Rosmarin
1 Hot-Thai-Chili
300 g Jogurt
8 Tomaten
Thaibasilikum

1 Die Kichererbsen 2 Stunden in kaltem Wasser einweichen.

2 Die Lammkeule mit der halbierten Knoblauchzehe einreiben und salzen.

3 Das Olivenöl in einer feuerfesten Form erhitzen. Die Lammkeule darin anbraten. Die Form in den auf 160 °C vorgeheizten Backofen geben.

4 Das Fleisch nach 10 Minuten wenden, nach weiteren 10 Minuten mit 250 ml Wasser aufgießen.

5 Die Kräuter und den Knoblauch über das Fleisch geben.

6 Nach 40 Minuten die Ofentemperatur auf 135 °C reduzieren.

7 Die Kichererbsen abgießen, mit frischem Wasser aufstellen und aufkochen lassen. 10 Minuten ziehen lassen, mit Wasser angießen und wieder aufkochen lassen. Den Vorgang wiederholen, bis die Kichererbsen weich sind.

8 Die Chilischote entkernen, fein hacken und mit dem Jogurt verrühren. Den Chili-Joghurt auf der Lammkeule verteilen.

10 Das Fleisch noch 25 Minuten im Backofen weiterbraten.

11 Die Kichererbsen abgießen und in einen Topf mit Olivenöl geben. Die gewürfelten Tomaten dazugeben. Salzen.

12 Die Lammkeule aus dem Backofen nehmen, in Scheiben schneiden und mit den Kichererbsen anrichten. Das Fleisch mit dem Bratensaft übergießen. Die angerichteten Portionen mit dem Thaibasilikum garnieren.

Kalbsleber mit Chili-Bratapfel und Majoranjus

Zutaten für 4 Personen

100 g geriebene Mandeln
8 EL Butter
2 Jalapeño-Chilis
4 Äpfel (Elstar)
4 Scheiben Kalbsleber à 160 g
Olivenöl
Salz
250 ml Portwein
2 EL gehackter Majoran
2 EL Balsamicoessig

1. Die Mandeln mit 4 EL Butter und den entkernten und fein gehackten Chilischoten vermengen.
2. Die Äpfel waschen und die Kerngehäuse ausstechen. Die Mandel-Chilimasse in die Äpfel füllen.
3. Die Äpfel im auf 200 °C vorgeheizten Backofen 20 Minuten braten.
4. Das Olivenöl in einer Pfanne sanft erhitzen. Darin bei geringer Hitze die Leber von beiden Seiten je 3 Minuten braten.
5. Die Leber aus der Pfanne nehmen und salzen. Den Bratensatz mit Portwein ablöschen. Die restliche Butter und den Majoran dazugeben, die Leberscheiben wieder einlegen und noch einmal erwärmen.
6. Die Bratäpfel aus dem Ofen nehmen und mit dem Balsamicoessig beträufeln.
7. Die Leber mit den Äpfeln anrichten und servieren.

Sauté von der Wachtel in Zimt und Chili gebraten mit Topinamburpüree

Zutaten für 4 Personen

300 g Topinambur
Salz
4 EL Butter
1 Prise Muskat
4 küchenfertige Wachteln
Olivenöl
2 Zimtstangen
1 Thai-Chili
125 ml Geflügelfond

1. Die Topinambur schälen und in Salzwasser je nach Größe ca. 20 Minuten weich kochen.
2. Das Kochwasser abgießen und die Topinambur mit einem Stabmixer pürieren. 2 EL Butter, Salz und Muskat zu dem Püree geben.
3. Die Wachteln in Portionsstücke zerteilen und mit Salz würzen.
4. Das Olivenöl in einem Topf erhitzen. Darin die Wachtelteile scharf anbraten, dann aus der Pfanne nehmen.
5. Die Zimtstangen und die halbierte Chilischote in die Pfanne geben und kurz durchschwenken.
6. Den Bratensatz mit Geflügelfond ablöschen und auf die Hälfte einkochen lassen.
7. Die Wachtelstücke dazugeben und nochmals aufkochen lassen.
8. Die restliche Butter in den Fond geben und durchschwenken.
9. Die Wachtelsautés mit dem Topinambur-Püree servieren.

Kalbsfilet in der Trüffelkruste mit Chili-Petersilienfond

Zutaten für 4 Personen

1 Perigord-Trüffel (ca. 15 g, erhältlich im Feinkostladen)
4 Scheiben Weißbrot (vom Vortag)
Salz
4 EL Maiskeimöl
500 g Kalbsfilet
Olivenöl
2 Petersilienwurzeln
100 ml Weißwein
1 Knoblauchzehe
1 Cayenne-Chili
4 EL Butter
4 EL gehackte Petersilie

1. Die Brotscheiben mit dem klein geschnittenen Trüffel in der Küchenmaschine zu Bröseln verarbeiten.
2. Die Brösel salzen, mit dem Öl vermischen und kalt stellen.
3. Das Kalbsfilet in 4 gleiche Stücke schneiden und mit Salz würzen.
4. Das Olivenöl in einer Pfanne erhitzen. Die Filets darin von beiden Seiten scharf anbraten.
5. Die Kalbsfilets in den auf 160 °C vorgeheizten Backofen geben und 5 Minuten braten, dann aus dem Ofen nehmen und beiseitestellen.
6. Die Petersilienwurzeln schälen, würfeln und mit Weißwein, Knoblauch und 500 ml Wasser 10 Minuten kochen.
7. Die Petersilienwurzeln abgießen, die Flüssigkeit auffangen und auf die Hälfte einkochen lassen.
8. Die Chilischote fein hacken, in den Sud geben und nur noch ziehen lassen.
9. Die Kalbsfilets mit den Trüffelbröseln bestreichen und im vorgeheizten Backofen bei Grill-Oberhitze kurz gratinieren.
10. Den Chili-Petersilienfond mit Butter und der gehackten Petersilie aufmixen. Die Kalbsfilets auf dem Fond anrichten und servieren.

Parmesan-Kaninchenroulade mit Chili-Oliven-Polenta

Zutaten für 4 Personen

8 entbeinte Kaninchenkeulen
Salz, Pfeffer
200 g geriebener Parmesan
2 EL Paniermehl
8 Blätter Alufolie
250 g Maisgrieß (Polenta)
1 Thai-Chili
125 ml Sherry
4 EL Butter
16 schwarze Oliven
1 EL gehackter Rosmarin

1 Die Kaninchenkeulen flach klopfen, mit Salz und Pfeffer würzen und mit Parmesan und Paniermehl bestreuen. Das so vorbereitete Fleisch auf je eine gefettete Alufolie legen und zu Rouladen rollen.

2 Die in Folien gewickelten Rouladen auf ein Backblech legen und im auf 190 °C vorgeheizten Backofen 20 Minuten braten.

3 1 l Wasser zum Kochen bringen, den Polentagrieß einrieseln lassen und unter ständigem Rühren aufkochen lassen.

4 Die Chilischote fein hacken und unter die Polentamasse geben. Die Polenta von der Kochstelle nehmen und noch 15 Minuten ziehen lassen.

5 In einer Stielkasserolle den Sherry mit der Butter einkochen lassen.

6 Die Oliven entsteinen und unter die Polenta rühren, salzen.

7 Die Kaninchenrouladen aus der Folie nehmen und mit der Polenta anrichten.

8 Den Bratensaft aus der Alufolie mit dem Sherry-Butterfond vermengen und über die Kaninchenkeulen geben. Die fertig angerichteten Portionen mit Rosmarin bestreut servieren.

Chili-Kalbspolpetti in grüner Tomaten-Kräutersauce

Zutaten für 4 Personen

500 g Kalbshack
Salz, Pfeffer
1 EL Dijonsenf
1 Hot-Thai-Chili
1 Ei
1 Scheibe altbackenes Weißbrot
10 grüne Tomaten
Olivenöl
125 ml Weißwein
1 EL gehackte Petersilie
1 EL gehacktes Maggikraut
etwas Parmesan

1 Das Hackfleisch mit Salz, Pfeffer, Dijonsenf, der gehackten Chilischote, dem Ei und der geriebenen Weißbrotscheibe vermengen.

2 Die Tomaten vierteln. Das Olivenöl in einem Topf erhitzen. Darin die Tomatenviertel anschwitzen, dann den Weißwein aufgießen und kurz einkochen lassen.

3 Die Tomaten mit Salz und Pfeffer würzen und die Kräuter hinzufügen.

4 Die Tomaten pürieren und bei geringer Hitze weiterköcheln lassen.

5 Das Hackfleisch zu kleinen Bällchen (Polpetti) formen. Die Polpetti in die köchelnde Tomatensauce geben.

6 Die Polpetti 15 Minuten sanft kochen lassen, dabei ab und zu vorsichtig umrühren.

7 Die Polpetti auf Tellern anrichten, mit der Tomatensauce nappieren und mit Parmesanspänen bestreuen.

Knusprige Chili-Ente mit Sprossengemüse

Zutaten für 4 Personen

4 Entenbrustfilets
125 ml Wasser
1 Zimtstange
1 Thai-Chili
2 EL Honig
1 TL Kreuzkümmel
1 Tasse Sojasprossen
1 Tasse Radieschensprossen
Sesamöl
2 EL Sojasauce
Salz
1 EL schwarzer Sesam

1 Die Entenbrustfilets auf der Hautseite rautenförmig leicht einschneiden.

2 Die Entenbrustfilets in einer Pfanne ohne Fettzugabe mit der Hautseite nach unten sanft anbraten.

3 Die Entenbrustfilets in den vorgeheizten Backofen geben und bei 200 °C so lange braten, bis die Haut goldbraun ist. Die goldbraunen Filets aus dem Backofen nehmen.

4 Das Wasser mit der Zimtstange, der halbierten Chilischote, dem Honig und dem Kreuzkümmel aufkochen.

5 Das Sesamöl in einem Wok erhitzen. Darin die Sprossen anbraten.

6 Die Sprossen mit Sojasauce, Salz und Sesam würzen, dann beiseitestellen.

7 Die Entenbrustfilets mit dem Chilifond bestreichen und im Backofen bei Oberhitze (200 °C) einige Minuten knusprig braten.

8 Die Entenbrustfilets dekorativ mit den Sprossen anrichten.

Sauté vom Strohferkel mit Rohrzucker-Ingwer-Chili-Sauce und Süßkartoffeln

Zutaten für 4 Personen

4 Süßkartoffeln
Salz
500 g Filet vom Strohferkel
1 Zwiebel
3 EL Olivenöl
4 EL Rohrzucker
60 ml alter Rum
1/2 Ingwerwurzel (ca. 40 g)
1 Thai-Chili
2 EL Butter
2 EL Crème fraîche

1 Die Süßkartoffeln in Salzwasser weich kochen, schälen und in feine Spalten schneiden.

2 Das Schweinefilet in fingerdicke Scheiben schneiden und salzen. DIe Zwiebel in feine Würfel schneiden.

3 Das Olivenöl in einer Pfanne erhitzen, die Zwiebelwürfel darin glasig schwitzen. Dann das Fleisch dazugeben und scharf anbraten.

4 Das Fleisch aus der Pfanne nehmen. Den Rohrzucker in der Pfanne karamellisieren und mit Rum ablöschen.

5 Den Ingwer schälen und fein reiben, zum Karamell geben und die gehackte Chilischote hinzufügen.

6 Den Ingwer-Karamell mit 250 ml Wasser ablöschen, dann die Süßkartoffeln und die Butter dazugeben.

7 Die Crème fraîche unterrühren und das Fleisch im Saft noch einmal erwärmen.

Fasanenbrust im Schinkenmantel mit Schwarzwurzeln und Preiselbeer-Chilisorbet

Zutaten für 4 Personen

500 g Preiselbeerkompott
2 Cayenne-Chilis
60 ml Portwein
500 g Schwarzwurzeln
4 Fasanenbrüste
Salz, Pfeffer
Olivenöl
8 Scheiben geräucherter Schinken, Schinkenspeck oder Serranoschinken
4 EL Butter
1/2 Zitrone
2 EL Schnittlauchröllchen

1 Das Preiselbeerkompott mit den gehackten Chilischoten und dem Portwein vermengen und in eine flache Form geben. Die Preiselbeer-Portwein-Mischung im Gefrierfach kühlen, bis sie zu einem Sorbet gefroren ist. Dabei alle 20 Minuten umrühren.

2 Die Schwarzwurzeln waschen, schälen, in Stücke schneiden und in Salzwasser bissfest kochen.

3 Die Fasanenbrüste mit Salz und Pfeffer würzen. Das Olivenöl in einer Pfanne erhitzen. Die Fasanenbrüste darin scharf anbraten.

4 Das Fleisch aus der Pfanne nehmen und mit dem Schinken umwickeln.

5 Die Röllchen im vorgeheizten Backofen bei 150 °C ca. 20 Minuten braten.

6 Die Schwarzwurzeln in der Butter erwärmen, Zitronensaft dazugeben, salzen und mit dem Schnittlauch bestreuen.

7 Die Fasanenbrüste aus dem Ofen nehmen, mit den Schwarzwurzeln auf Tellern anrichten und mit dem Preiselbeer-Chili-Sorbet servieren.

Lammkrone mit Zitronenthymian-Chili-Kruste und süßem Paprika

Zutaten für 4 Personen

3 Lammkronen à ca. 160 g
Salz, Pfeffer
Olivenöl
1 Japanello-Chili
2 EL gehackter Zitronenthymian
6 EL Paniermehl
4 rote Paprikas
1 EL brauner Zucker
2 Lauchzwiebeln
125 ml Rotwein
2 EL Butter

1 Die Lammkronen salzen und pfeffern. Das Olivenöl in einer feuerfesten Form erhitzen. Die Lammkronen darin von allen Seiten scharf anbraten.

2 Die Lammkronen im auf 195 °C vorgeheizten Backofen 10 Minuten braten.

3 Die entkernte und gehackte Chilischote mit dem Thymian in Olivenöl anrösten. Das Paniermehl dazugeben. Die Pfanne von der Kochstelle nehmen.

4 Die Chili-Paniermehl-Mischung mit Olivenöl aufgießen bis eine Paste entsteht.

5 Die Paprikas von Scheidewänden und Kernen befreien, in grobe Stücke schneiden und in Olivenöl anbraten. Salzen und pfeffern.

6 Die Paprika mit Zucker bestreuen und die geschnittenen Lauchzwiebeln untermischen. Den Topf von der Kochstelle nehmen.

7 Die Lammkronen aus dem Ofen nehmen und mit der Chili-Paste bestreichen. Das Fleisch wieder in den Ofen geben und kurz gratinieren.

8 Den Rotwein zum Paprikagemüse gießen, die Butter dazugeben und noch einmal durchkochen.

9 Die gratinierten Lammkronen aus dem Backofen nehmen, aufschneiden und auf dem Paprikagemüse anrichten.

Hirschkalbsrücken mit Mohnnudeln und Shiraz-Chili-Birne

Zutaten für 4 Personen

Für die Birnen

2 Williamsbirnen
2 EL Honig
1 Vanilleschote
1 Thai-Chili
500 ml australischer Shiraz

Für die Mohnnudeln

500 g mehlige Kartoffeln
2 Eigelb
2 EL Mehl
1 EL Speisestärke
Salz
1 Prise Muskatnuss
etwas Butter für die Pfanne
4 EL gemahlener Mohn

Für den Hirschkalbsrücken

500 g Hirschkalbsrücken
Salz, Pfeffer
Olivenöl
4 Wacholderbeeren
1 Lorbeerblatt

1 Die Birnen schälen und das Kerngehäuse ausstechen. Die Birnen mit Honig, Vanilleschote und der halbierten Chilischote in dem Shiraz weich kochen. Dann erkalten lassen.

2 Die Kartoffeln weich kochen, abkühlen lassen, schälen und durch die Kartoffelpresse drücken. Die Kartoffelmasse mit verquirltem Eigelb, Mehl, Speisestärke, Salz und geriebener Muskatnuss zu einem festen Teig verkneten. Aus dem Kartoffelteig eine Rolle formen, davon gleich große Stücke abschneiden und diese wiederum zu fingerdicken Rollen formen. Diese Kartoffelnudeln in kochendes Salzwasser geben und so lange köcheln lassen, bis sie an der Oberfläche schwimmen. Die Kartoffelnudeln herausheben und in einer gebutterten Pfanne schwenken, bis sie eine goldbraune Farbe annehmen. Die fertigen Nudeln mit Mohn bestreuen.

3 Den Hirschkalbsrücken in 4 gleich große Stücke teilen und nach Geschmack mit Salz und Pfeffer würzen.

4 Das Olivenöl in einem Topf erhitzen. Darin das Fleisch mit den Wacholderbeeren und dem Lorbeerblatt von beiden Seiten scharf anbraten, dann bei geringer Hitze ca. 5 Minuten fertig garen.

5 Das Fleisch aus der Pfanne nehmen und mit 125 ml Birnenfond ablöschen.

6 Die in Spalten geschnittenen Birnen in dem Fond erwärmen. Das Fleisch mit den Mohnnudeln und den Birnen auf Tellern anrichten und servieren.

Wels-Chili-Braten mit Senfkohlrabi

Zutaten für 4 Personen

2 Kohlrabis
Salz
500 g Welsfilet (mit Haut)
2 New-Mexican-Chilis
Olivenöl
250 ml Fleischfond
50 ml Sahne
1 EL Sherryessig
2 EL Dijonsenf
1 EL Kümmel
4 EL Butter

1 Die Kohlrabis schälen und in fingerdicke Streifen schneiden.
2 Die Kohlrabistreifen in Salzwasser knackig kochen, dann in Eiswasser abschrecken.
3 Das Welsfilet in 4 gleich große Stücke teilen, die Haut mit einem scharfen Messer längs einschneiden.
4 Das Olivenöl in einer Pfanne erhitzen. Darin den Wels mit den halbierten Chilischoten auf der Hautseite knusprig braten.
5 Die Chilischoten aus der Pfanne nehmen. Den Bratensatz mit dem Fleischfond aufgießen. Den Wels wenden, dann die Pfanne von der Kochstelle nehmen.
6 Olivenöl in einer zweiten Pfanne erhitzen. Die Kohlrabistreifen kurz darin anbraten, mit Sahne ablöschen und mit Salz, Sherryessig, 1 EL Dijonsenf und Kümmel verfeinern.
7 Den Wels auf den Kohlrabistreifen anrichten.
8 In der Zwischenzeit den Bratensatz mit der Butter und 1 EL Senf aufkochen und verrühren. Den Wels auf der Sauce anrichten und mit dem Senf-Kohlrabi servieren.

Kabeljau aus dem Chilidampf mit Sauerampfer und rotem Reis

Zutaten für 4 Personen

200 ml Wasser
125 ml Weißwein
1 Lorbeerblatt
2 Thai-Chilis
150 g Camargue-Reis
2 Bund Sauerampfer
4 Kabeljaufilets à 120 g

1 Den Camargue-Reis laut Packungsangabe zubereiten und warm stellen.
2 Den Sauerampfer waschen und in grobe Streifen schneiden.
3 Wasser, Weißwein, Lorbeerblatt und die halbierten Chilischoten in den unteren Teil eines Topfs mit Siebeinlage geben.
4 Die Kabeljaufilets in das Sieb legen und abdecken. Den Fisch 12 Minuten dämpfen.
5 Den Sauerampfer unter den Reis mischen. Auf einem Teller anrichten und mit den Fischfilets servieren.

Goldbrasse in Chili-Tempura mit Erbsenschotenwok

Zutaten für 4 Personen

500 ml Wasser
50 g Mehl
1 EL Speisestärke
1 Prise Salz
1 Msp Backpulver
1 Ei
1 Thai-Chili
4 Goldbrassen
Öl zum Frittieren
200 g Erbsenschoten
Olivenöl
1 EL Austernsauce
1 EL Sojasauce
3 EL getrocknete Tomaten

1 Wasser, Mehl, Speisestärke, Salz, Backpulver, Ei und die gehackte Chilischote zu einem Teig vermengen, kalt stellen.

2 Die Fischfilets durch den gekühlten Teig ziehen und in heißem Öl schwimmend ausbacken.

3 Die Erbsenschoten in grobe Streifen schneiden. Das Olivenöl in einem Wok erhitzen. Die Erbsenschotenstreifen darin heiß anbraten.

4 Die Erbsenschoten mit Austern- und Sojasauce würzen, die gehackten getrockneten Tomaten dazugeben.

5 Die Fischfilets mit Küchenpapier abtupfen und mit den gebratenen Erbsenschoten servieren.

Räucherforellenstrudel mit lauwarmem Chili-Rote-Rüben-Salat

Zutaten für 4 Personen

8 rote Rüben
Salz
1/2 TL Kümmel
1 Tepin-Chili
4 EL Balsamicoessig
2 EL Zucker
1 rote Zwiebel
4 Räucherforellenfilets
100 g Sauerkraut
Pfeffer
1 Kartoffel
1 Packung tiefgekühlte Strudelblätter
1 Ei

1 Die roten Rüben mit Salz, Kümmel und der Chilischote weich kochen.

2 Die weichen Rüben schälen, in Scheiben schneiden und noch warm mit Salz, Balsamicoessig, Zucker und der fein geschnittenen Zwiebel marinieren.

3 Die Forellenfilets in Würfel schneiden und mit dem gewaschenen und fein gehackten Sauerkraut vermischen.

4 Die Forellen-Kraut-Mischung mit Salz und Pfeffer würzen.

5 Die Kartoffel schälen und fein reiben. Die geriebene Kartoffel unter die Forellen-Kraut-Mischung mengen.

6 Die Strudelblätter mit dem verquirlten Ei bestreichen, mit der Forellen-Kraut-Mischung belegen, dabei rundum einen schmalen Rand frei lassen. Die Enden hochschlagen und leicht zusammendrücken. Den Strudel im auf 180 °C vorgeheizten Backofen goldbraun backen.

7 Den Strudel aus dem Backofen nehmen und mit dem noch warmen Rote-Rüben-Salat servieren.

Seeteufel in Chilikarotten geschmort mit Basilikumpesto

Zutaten für 4 Personen

4 Karotten
2 Zwiebeln
1 Thai-Chili
2 EL Butter
2 Nelken
4 Seeteufelfilets à ca. 150 g
Salz
1 Zitrone

Für das Pesto

2 EL Olivenöl
4 EL gehacktes Basilikum
1 EL Pinienkerne (Pinoli)
1 EL geriebener Parmesan
etwas Salz

1 Die Karotten schälen und in 1/2 cm dicke Scheiben schneiden.

2 Die Zwiebeln schälen, in kleine Würfel schneiden. Die Chilischote halbieren. Die Butter in einem Topf erhitzen. Karotten, Zwiebeln und Chili darin glasig schwitzen.

3 Die Nelken dazugeben und mit 250 ml Wasser aufgießen. Den gesalzenen und mit Zitronensaft beträufelten Fisch einlegen und zugedeckt ca. 15 Minuten schmoren. Bei Bedarf etwas Wasser nachgießen.

4 Das Basilikum mit Olivenöl, Pinienkernen, Parmesan und Salz zu einem Pesto mixen.

5 Den Fisch aus dem Topf nehmen und mit den Chili-Karotten und dem Basilikum-Pesto servieren.

Karpfen mit scharfer Lebkuchensauce und Pflaumen

Zutaten für 4 Personen

500 g Karpfenfilet
2 EL Lebkuchengewürz
1 Thai-Chili
200 g frische Pflaumen
125 ml Portwein
4 EL Butter
Salz
Olivenöl
1 Zitrone
125 ml Sahne

1 Die Karpfenfilets mit einem scharfen Messer auf der Hautseite tief einschneiden. Die Filets mit dem Lebkuchengewürz und der gehackten Chilischote bestreuen und über Nacht marinieren.

2 Am nächsten Tag die Pflaumen halbieren und entkernen.

3 Den Portwein in einem Topf zusammen mit der Butter erwärmen, die Pflaumen dazugeben und einmal aufkochen lassen. Beiseitestellen.

4 Die Karpfenfilets aus der Marinade nehmen und salzen. Das Olivenöl in einer feuerfesten Form erhitzen. Darin die Karpfenfilets auf der Hautseite anbraten und in den auf 185 °C vorgeheizten Backofen geben.

5 Die Filets nach 10 Minuten wenden und nach weiteren 5 Minuten aus dem Backofen nehmen.

6 Die Fischfilets aus der Ofenform nehmen und warm stellen. Den Bratensatz mit etwas von der Lebkuchenmarinade, Zitronensaft und Sahne ablöschen und aufkochen lassen.

7 Die Karpfenfilets mit den Pflaumen und der Lebkuchensauce anrichten.

Risotto »Schwarz-Weiß« mit roter Chili-Nage

Zutaten für 4 Personen

400 g Risottoreis
Olivenöl
750 ml Gemüsefond
2 Packungen Tintenfischtinte (erhältlich im Feinkostladen)
4 Kabeljaufilets à ca. 100 g
4 EL Butter
Salz
125 ml Noilly Prat
125 ml Weißwein
500 ml Sahne
2 EL Tomatenmark
1 EL Paprikapulver
1 Peter-Pepper-Chili

1. Das Olivenöl in einem Topf erhitzen. Den Risottoreis darin anschwitzen, ohne dass er Farbe annimmt.
2. Den Reis mit Gemüsefond aufgießen und unter ständigem Rühren weich kochen.
3. Die Tinte zu dem Risotto geben und die in große Würfel Stücke geschnittenen Fischfilets untermengen. Alles etwa 10 Minuten garen, dabei immer wieder umrühren.
4. Die Butter unter den Risotto rühren, salzen, dann den Topf von der Kochstelle nehmen.
5. Den Noilly Prat und den Weißwein vermischen und in einer Stielkasserolle auf die Hälfte einkochen lassen. Mit Sahne aufgießen und mit Tomatenmark, Salz, Paprikapulver und der gehackten Chilischote würzen.
6. Die Chili-Nage 5 Minuten kochen lassen und dann aufmixen. Mit dem Risotto servieren.

Hummer mit Chili-Öl und Spargel-Couscous

Zutaten für 4 Personen

4 Hummer
à ca. 400–500 g
125 ml Weißwein
Dill
Salz
500 ml Olivenöl
2 Cayenne-Chilis
Meersalz
200 g Couscous
12 Stangen weißer Spargel
2 EL Butter
2 EL gehackter Estragon

1 Die Hummer in einem Fond aus Weißwein, Dill und Salzwasser 6 Minuten kochen.

2 Die Hummer aus dem Topf nehmen und mit kaltem Wasser abschrecken. Das Fleisch ausbrechen.

3 Das Olivenöl mit den halbierten Chilischoten und 1 EL Meersalz auf 80 °C erwärmen. Das Chili-Olivenöl kurz ziehen lassen, dann durch ein Sieb gießen.

4 200 ml des Hummerfonds abmessen und zum Kochen bringen.

5 Das Couscous in eine Schale geben und den kochenden Fond darübergießen. Die Schale mit Klarsichtfolie abdecken. Das Couscous 10 Minuten ziehen lassen.

6 Den Spargel schälen und die Enden abschneiden. Die Spargelstangen in Salzwasser bissfest kochen.

7 Die Spargelstangen längs halbieren, in Olivenöl braten, salzen.

8 Das Couscous mit einer Gabel auflockern und unter den Spargel mischen.

9 Das Hummerfleisch salzen. Das Chiliöl in einer Pfanne erhitzen, die Hummerstücke darin knusprig braten. Den Hummer mit dem Estragon bestreuen.

10 Das Spargel-Couscous mit Butterflöckchen garnieren und mit dem Hummer anrichten.

Branzino mit Speck, Estragon und Chili gefüllt, in Riesling pochiert

Zutaten für 4 Personen

4 Portionsstücke Seebarsch (Branzino) à 100 g

4 Scheiben Frühstücksspeck

2 EL gehackte Walnüsse

1 Thai-Chili

2 EL gehackter Estragon

Küchengarn

500 ml Riesling

1 Lorbeerblatt

Salz

1 Den Fisch auf beiden Seiten entlang der Rückengräte einschneiden und die Gräten auslösen.

2 Den Speck in Streifen schneiden und kurz anbraten. Die Walnüsse dazugeben und mit der gehackten Chilischote und dem Estragon vermischen.

4 Den Fisch mit der Mischung aus Speck, Chili und Walnüssen füllen und mit Küchengarn zubinden.

5 Den Riesling mit dem Lorbeerblatt und Salz zum Kochen bringen.

6 Den Fisch in den Weinsud legen und kurz unter dem Siedepunkt von beiden Seiten 6 Minuten pochieren.

7 Den Fisch aus dem Fond nehmen, das Küchengarn entfernen und mit ein wenig Fond servieren.

Schottischer Lachs mit Pommery-Chili-Senfsauce und Gurkengemüse

Zutaten für 4 Personen

4 Lachsfilets à ca. 160 g
Salz
1 Salatgurke
60 ml Noilly Prat
2 EL Butter
1 rote Zwiebel
150 g Crème fraîche
2 EL Pommerysenf
1 New-Mexican-Chili

1 Die Lachsfilets salzen und mit der Hautseite nach unten im vorgeheizten Backofen bei 160 °C 10 Minuten braten.

2 Die Gurke schälen und längs halbieren. Die Kerne mit einem Löffel entfernen.

3 Die Gurke in Stifte schneiden und in kochendem Salzwasser 1 Minuten blanchieren. Das Kochwasser abgießen, die Gurkenstifte in Eiswasser abschrecken.

4 Die Gurkenstifte mit dem Noilly Prat, der Butter und der geschälten, in Streifen geschnittenen Zwiebel erwärmen. Salzen.

5 Die Crème fraîche mit Salz, Senf und der gehackten Chilischote verrühren.

6 Den Lachs aus dem Backofen nehmen, mit dem Gurkengemüse anrichten und der Pommery-Chili-Senfsauce reichen.

Steinbutt im Safranfond mit Limetten-Chili-Austern

Zutaten für 4 Personen

125 ml Weißwein
125 ml Fischfond
1/2 Packung Safranfäden
Salz
4 EL Butter
2 EL Crème fraîche
4-6 Steinbuttfilets
8 Austern
2 EL gehackte Pumpernickel
1 Japanello-Chili
1 EL gehackter Koriander
1 Zitrone

1. Den Weißwein und den Fischfond mit den Safranfäden aufkochen lassen.
2. Den Safranfond salzen und mit Butter und Crème fraîche aufschlagen.
3. Die Fischfilets in den Fond geben und einmal kurz ankochen lassen, dann den Topf von der Kochstelle nehmen.
4. Die Austern öffnen und säubern.
5. Den Fond mit den Fischfilets auf vier Suppenteller verteilen.
6. Auf jede Fischportion zwei Austern legen. Die Austern mit dem Pumpernickel, der gehackten Chilischote und dem Koriander bestreuen und dem Saft der Zitrone beträufeln.

Yellowfin Tuna in der Chili-Sesamkruste mit Radieschen-Rucolasalat

Zutaten für 4 Personen

4 Tunfischfilets à 150 g
1 EL Olivenöl
2 Japanello-Chilis
4 EL Sesam
1 EL Honig
Salz
3 EL Paniermehl
1 Bund Rucola
2 Limetten
4 Radieschen

1. Das Olivenöl in einem Topf erhitzen. Darin den Tunfisch von beiden Seiten scharf anbraten, dann warm stellen.
2. Die Chilischoten entkernen, fein hacken und mit Sesam, Honig, Salz und Paniermehl vermengen.
3. Die Tunfischfilets mit der Chili-Mischung bestreichen und im auf 195 °C vorgeheizten Backofen 15 Minuten gratinieren.
4. Den Rucola mit dem Saft der Limetten, Salz und etwas Olivenöl marinieren.
5. Die Radieschen in feine Scheiben schneiden und unter den Salat mischen.
6. Die Tunfischfilets aus dem Ofen nehmen, halbieren und mit dem Radieschen-Rucolasalat servieren.

Heilbutt mit Zitronen-Chili-Sauce und Kaviar

Zutaten für 4 Personen

2 Zitronen
60 ml Noilly Prat
1 EL Pernod
250 ml Sahne
1 Cayenne-Chili
8 Heilbuttfilets à ca. 60 g
Olivenöl
5 EL Butter
Salz
4 EL Kaviar

1 Die Zitronen auspressen und den Saft mit dem Noilly Prat und dem Pernod aufkochen. Die Sahne dazugeben und mit der gehackten Chilischote aufkochen. Beiseitestellen.
2 Das Olivenöl in einer beschichteten Pfanne sanft erhitzen. Die Fischfilets von beiden Seiten zart anbraten.
3 Die Chilischoten aus der Sauce nehmen, Butter hinzufügen und salzen. Die Sauce mit einem Stabmixer aufschäumen.
4 Die Fischfilets auf vier Tellern anrichten und mit dem Schaum bedecken.
5 Jede Portion mit 1 EL Kaviar garnieren.

Eglischnitzel mit lauwarmem Chili-Kartoffel-Feldsalat

Zutaten für 4 Personen

400 g festkochende Kartoffeln
Salz
1 Tepin-Chili
4 EL Maiskeimöl
4 EL Apfelessig
1 EL Zucker
12 Flussbarschfilets (Egli)
1 Zitrone
100 g Mehl
2 Eier
100 g Paniermehl
Öl zum Frittieren
2 Handvoll Feldsalat

1 Die Kartoffeln in Salzwasser weich kochen, schälen und in Scheiben schneiden.
2 Die gehackte Chilischote zu den warmen Kartoffelscheiben geben.
3 Die Chili-Kartoffelscheiben mit Öl, Essig, Salz und Zucker vermengen. Den warmen Kartoffelsalat beiseitestellen.
4 Die Fischfilets salzen und mit Zitronensaft beträufeln.
5 Die Filets erst in Mehl, dann in verquirltem Ei und schließlich in Paniermehl wenden.
6 Die panierten Filets in heißem Öl schwimmend ausbacken.
7 Kurz vor dem Servieren den Feldsalat und 3 EL Wasser unter den Kartoffelsalat mengen.
8 Den lauwarmen Salat mit den Fischschnitzeln anrichten.

Feurige Ratatouille mit Rouget Barbet aus der Folie

Zutaten für 4 Personen

- 4 Blätter Alufolie
- 2 Zucchini
- 1 Aubergine
- 2 Tomaten
- Olivenöl
- 1 Japanello-Chili
- 1 EL gehackter Rosmarin
- Salz
- 4 Rotbarben (Rouget Barbet), filetiert und geschuppt
- 1 Limette

1 Die Folien mit Olivenöl bestreichen.

2 Das Gemüse in sehr feine Würfel schneiden. Das Olivenöl in einem Topf erhitzen. Das Gemüse kurz darin andünsten. Die gehackte Chilischote und den Rosmarin dazugeben, salzen. Den Topf vom Herd nehmen.

3 Das Ratatouille auf die Alufolieblätter verteilen. Die Fischfilets darauflegen, mit Salz bestreuen und mit Limettensaft beträufeln. Die Folien schließen.

4 Die Folienpäckchen im vorgeheizten Backofen 15 Minuten bei 195 °C garen.

5 Die Folienpäckchen aus dem Ofen nehmen, öffnen und sofort servieren.

Rochenflügel in Chili-Grapefruit pochiert mit Granatapfel

Zutaten für 4 Personen

2 Grapefruits
250 ml Orangensaft
1 Pimento-Chili
1 EL Pernod
60 ml Noilly Prat
Salz
4 EL Butter
4 Rochenflügelfilets à ca. 160 g
4 EL Granatapfelkerne

1 Die Grapefruits schälen und filetieren.

2 Den Orangensaft mit der halbierten Chilischote, dem Pernod und dem Noilly Prat aufkochen lassen.

3 Die Sauce salzen, die Butter dazugeben, die Rochenflügelfilets einlegen und 3 Minuten köcheln lassen.

4 Die Grapefruitfilets dazugeben und erwärmen. Den Fisch aus dem Sud nehmen.

5 Die Fischfilets in vier Suppentellern anrichten und mit der Chili-Grapefruit-Sauce übergießen. Jede Portion mit 1 EL Granatapfelkernen bestreuen.

Desserts

Gebrannte Kakaocreme mit Chili-Haselnusskruste

Zutaten für 4 Personen

Für die Creme
500 ml Milch
45 g Speisestärke
3 EL Rohrzucker
3 EL Kakao
1 Vanilleschote

Für die Kruste
4 EL ganze Haselnüsse
1 Jalapeño-Chili
2 EL Butter
1 EL Rohrzucker

1 Die Speisestärke mit $^1/_3$ der Milch verrühren.
2 Die Milch mit dem Zucker, dem Kakao und dem Mark der Vanilleschote aufkochen. Die Stärke einrühren und nochmals aufkochen.
3 Die Masse in vier mit kaltem Wasser ausgespülte Puddingförmchen gießen.
4 Die Puddings 3 Stunden kühlen.
5 Die Haselnüsse und die Chilischote hacken und miteinander vermischen.
6 Die Butter und den Zucker zum Haselnuss-Chili-Gemisch geben, auf die Puddingförmchen verteilen.
7 Die Puddings im vorgeheizten Backofen bei Grill-Oberhitze schnell gratinieren.

Nougat-Chili-Pflaumen im Strudelblatt

Zutaten für 4 Personen

8 frische Pflaumen
100 g Nougat
1 Thai-Chili
4 EL geriebene Walnüsse
1 Packung tiefgekühlte Strudelblätter
1 Ei
2 EL Puderzucker

1. Die Pflaumen entkernen.
2. Den Nougat mit der gehackten Chilischote und den Walnüssen vermengen.
3. Die Pflaumen mit der Nougatmasse füllen.
4. Die Pflaumen mit je einem halben Strudelblatt umwickeln und mit dem verquirlten Ei bestreichen.
5. Die Strudelpflaumen im auf 180 °C vorgeheizten Backofen goldgelb backen.
6. Die Pflaumen vor dem Servieren mit Puderzucker bestäuben.

Fire and Ice
(Warmer cremiger Schokoladenpudding mit Kokos-Chili-Honigeis)

Zutaten für 4 Personen

250 g Butter
250 g Schokolade
5 Eier
1 EL Mehl
1 EL Speisestärke

Für das Eis

500 ml Sahne
5 EL geröstete Kokosflocken
1 Habañero-Chili
50 g Zucker
4 EL Honig
6 Eigelb

1 Für den Pudding die Butter mit der Schokolade im Wasserbad unter Rühren schmelzen.
2 Die Eier mit dem Mehl und der Speisestärke verrühren und unter die noch heiße Schokoladenmasse heben.
3 Die Schokomasse in kleine feuerfeste Formen geben und abkühlen lassen.
4 Für das Eis die Sahne mit den Kokosflocken und der Chilischote aufkochen.
5 Den Zucker und den Honig mit den Eigelben verrühren.
6 Die Eigelbmasse unter die Kokos-Chili-Sahne heben und nochmals erhitzen.
7 Die Chilischote aus der Kokos-Sahne-Mischung nehmen und die Mischung in einer Eismaschine einfrieren.
8 Die Puddings im auf 200 °C vorgeheizten Backofen etwa 10 Minuten backen. Die Puddings nach dem Herausnehmen 2 Minuten ruhen lassen und mit dem Kokos-Chili-Honigeis anrichten.

Orangen-Fruchtgummi mit Chili

Zutaten für 4 Personen

500 ml Orangensaft
1/2 Carmen-Chili
14 Blatt Gelatine
2 EL Puderzucker

1 Den Orangensaft mit der entkernten und gehackten Chilischote aufkochen.

2 Die Gelatine in kaltem Wasser einweichen, nach 4 Minuten ausdrücken und im Orangensaft auflösen.

3 Den Zucker zu der Orangensaft-Gelatine-Mischung geben und diese in Bärenformen gießen.

4 Die Fruchtbären mindestens 2 Stunden kühlen.

Rhabarber-Chili-Gelee mit Limetten-Erdbeeren

Zutaten für 4 Personen

200 g Rhabarber
125 ml Orangensaft
1 Carmen-Chili
100 g Zucker
10 Blatt Gelatine
400 g frische Erdbeeren
2 Limetten
2 EL Zucker

1 Den Rhabarber schälen und in kleine Würfel schneiden.

2 Den Orangensaft mit der gehackten Chilischote und dem Zucker aufkochen, den Rhabarber dazugeben und 5 Minuten ziehen lassen.

3 Die Gelatineblätter in kaltem Wasser einweichen, nach 2 Minuten ausdrücken und bei geringer Hitze erwärmen. Die Gelatine unter die Rhabarbermasse rühren.

4 Den Rhabarber in Gläser füllen und mindestens 2 Stunden kühlen.

5 Die Erdbeeren waschen, von den Stielen befreien und in Scheiben schneiden. Die Erdbeeren mit dem Saft der Limetten und dem Zucker vermengen und mit dem Rhabarber-Chili-Gelee servieren.

In Brioche gebackene Chili-Grießknödel im Himbeer-Daiquiri

Zutaten für 4 Personen

Für die Knödel
500 ml Milch
Salz
3 EL Butter
200 g Grieß
2 Brötchen
1 Thai-Chili
3 Eier

Zum Ausbacken
4 Scheiben Hefezopf (Brioche)
2 Eier
Butterschmalz

Für den Daiquiri
200 g Himbeeren
4 EL Rohrzucker
1/2 Limette
60 ml Rum

1 Die Milch leicht salzen, zwei Esslöffel Butter dazugeben und kurz aufkochen lassen.

2 Den Grieß in die kochende Milch einstreuen, zu einem Brei verkochen und auskühlen lassen.

3 Die Brötchen in Würfel schneiden und zusammen mit der gehackten Chilischote in Butter anrösten.

4 Die Brotwürfel mit den Eiern in den Grießbrei einrühren und ca. 15 Minuten ruhen lassen.

5 Aus dem Grießteig kleine Knödel formen. Diese in schwach siedendem Wasser ca. 15 Minuten ziehen lassen.

5 Die Hefezopfscheiben zu Bröseln reiben. Die Eier verquirlen.

6 Die Knödel aus dem Wasser nehmen, abtropfen lassen und erst in den verquirlten Eiern, dann in den Hefebröseln wälzen. Die panierten Knödel in heißem Butterschmalz ausbacken.

7 Die Himbeeren mit dem Zucker, dem Limettensaft und dem Rum pürieren.

9 Die heißen Chili-Grießknödel auf dem Himbeer-Daiquiri anrichten und servieren.

Gewürzbirne mit Marzipan-Chili-Füllung und Pistazien

Zutaten für 4 Personen

1 l Apfelsaft
2 Vanilleschoten
2 Nelken
1 Zimtstange
20 ml Cointreau
20 ml Orangenlikör
4 Williamsbirnen
150 g Marzipan
1 Carmen-Chili
100 g Butter
4 EL gehackte Pistazien

1 Den Apfelsaft mit dem Mark der Vanilleschoten, Nelken, Zimt, Cointreau und Orangenlikör aufkochen.

2 Die Birnen schälen, im Ganzen in den Gewürzfond geben und weich kochen. Die Birnen aus dem Fond nehmen und erkalten lassen.

3 Die Gewürze aus dem Fond entfernen, die Birnen halbieren und das Kerngehäuse ausschneiden.

4 Das Marzipan mit der entkernten und gehackten Chilischote vermengen.

5 Die Birnen mit der Marzipanmasse füllen.

6 Den Birnenfond auf die Hälfte einkochen lassen und die Butter unterrühren.

7 Die Birnen mit dem heißen Fond begießen und mit je einem EL gehackter Pistazien bestreuen.

Mohnsoufflé mit Chili-Apfelkompott

Zutaten für 4 Personen

100 g Weißbrot
60 ml Rotwein
70 g Butter
50 g Puderzucker
4 Eigelb
4 Eiweiß
60 g gemahlener Mohn
4 Äpfel (Elstar)
250 ml naturtrüber Apfelsaft
2 EL Zucker
1 Zimtstange
1 Thai-Chili

1 Das Weißbrot entrinden, in Würfel schneiden und in dem Rotwein tränken.

2 Die Butter und den Puderzucker schaumig rühren. Erst die Eigelbe, dann die Brotwürfel zugeben und alles schaumig rühren.

3 Die Eiweiße steif schlagen. Den Eischnee und den Mohn mit einem Kochlöffel vorsichtig unter die Soufflémasse heben.

4 Die Masse in vier Souffléformen füllen und abdecken. Die Soufflés im heißen Wasserbad auf dem Herd 20 Minuten pochieren.

5 In der Zwischenzeit die Äpfel schälen, von den Kerngehäusen befreien und in Würfel schneiden.

6 Den Apfelsaft mit dem Zucker, der Zimtstange und der entkernten Chilischote aufkochen und die Apfelwürfel darin pochieren.

7 Das Mohnsoufflé mit dem warmen Apfelkompott servieren.

Spanisches Mandelparfait mit Chili-Karamellsauce

Zutaten für 4 Personen

150 g Puderzucker
6 Eigelb
4 Tropfen Bittermandelaroma
500 ml Sahne
100 g geröstete geriebene Mandeln
4 EL brauner Zucker
1 Cayenne-Chili
125 ml Sahne

1 Den Puderzucker mit den Eigelben und dem Bittermandelaroma 15 Minuten schaumig rühren.

2 Die Sahne steif schlagen und mit den Mandeln unter die Eigelbmasse heben.

3 Die Mandelsahne in Formen füllen und mindestens 3 Stunden tiefkühlen.

4 Den Zucker mit der gehackten Chilischote in einer Pfanne karamellisieren und mit der Sahne aufgießen. Die Karamellsauce 2 Minuten kochen lassen.

5 Das Mandelparfait mit der lauwarmen Chili-Karamellsauce servieren.

Chilipralinen

Zutaten für 4 Personen

350 g Schokolade
125 ml Sahne
2 EL Rum
100 g gemahlene Nüsse
1 Carmen-Chili
Kokosflocken zum Garnieren
Schokoraspeln zum Garnieren

1 Die Schokolade im heißen Wasserbad schmelzen. Die Sahne, den Rum, die Nüsse und die gehackte Chilischote unterrühren.
2 Die Pralinenmasse über Nacht in den Kühlschrank stellen.
3 Am nächsten Tag Kugeln aus der Pralinenmasse formen. Die Hälfte der Pralinen in Kokosflocken, die andere Hälfte in Schokoraspeln wälzen.

Mango-Tarte »Veronika« mit Chili-Sorbet

Zutaten für 4 Personen

500 ml Apfelsaft
1 Thai-Chili
4 EL Honig
4 Scheiben tiefgekühlter Blätterteig
2 Mangos
4 EL Butter
1 EL brauner Zucker
1 Limette

1 Den Apfelsaft mit der halbierten Chilischote aufkochen, dann erkalten lassen.

2 Die Chilischote aus dem abgekühlten Apfelsaft nehmen und den Honig unterrühren.

3 Den Apfelsaft in eine Schüssel geben und im Gefrierfach zu einem Sorbet frieren. (Dabei ab und zu umrühren.)

4 Die Mangos schälen, das Fruchtfleisch von den Kernen lösen und in dünne Scheiben schneiden. Die Blätterteigscheiben mit den Mangos belegen.

5 Die Butter in Flöckchen auf der Mangotarte verteilen und im auf 165 °C vorgeheizten Backofen 12 Minuten backen.

6 Die Tarte aus dem Ofen nehmen, mit braunem Zucker bestreuen und mit dem Limettensaft beträufeln.

7 Die Mangotarte mit dem Chili-Sorbet servieren.

Kokos-Chili-Grießkuchen mit Bacardisorbet

Zutaten für 4 Personen

125 ml Milch
1 Thai-Chili
50 g Weizengrieß
250 g Speisequark
4 EL geröstete Kokosflocken
6 Eier
100 g Zucker
1 EL Speisestärke
8 EL Vanilleeis
2 EL weißer Rum (z. B. Bacardi)
Puderzucker

1 Die Milch mit der gehackten und entkernten Chilischote aufkochen, den Grieß einrühren.

2 Den Quark, die Kokosflocken und die Eigelbe unter die Grießmasse heben.

3 Die Eiweiße mit dem Zucker zu steifem Schnee schlagen und mit der Speisestärke unter den Kokos-Grießteig heben.

4 Den Kokos-Grießteig auf ein gefettetes Backblech streichen und im auf 190 °C vorgeheizten Backofen ca. 15 Minuten backen.

5 Das weiche Vanilleeis mit dem Rum verrühren und nochmals durchfrieren.

6 Den Kokos-Chili-Grießkuchen mit Puderzucker bestäuben und mit dem Rumsorbet servieren.

Gemischte Beeren mit Mascarpone und Pistazien-Chili-Pesto

Zutaten für 4 Personen

8 EL Pistazien
1 EL gehackte Minze
1/2 Thai-Chili
4 EL Maiskeimöl
2 EL Puderzucker
2 EL Zitronensaft
8 EL Mascarpone
50 g Zucker
400 g tiefgekühlte gemischte Beeren

1 Die Pistazien mit der Minze, der gehackten Chilischote, dem Öl, dem Puderzucker und dem Zitronensaft zu einem Pesto pürieren.

2 Den Mascarpone mit dem Zucker vermengen.

3 Die zimmerwarmen Beeren auf vier Dessertteller verteilen und mit dem Pesto und je zwei EL Mascarpone anrichten.

Passionsfrucht-Törtchen aus Sesam-Chili-Mürbeteig

Zutaten für 4 Personen

Für den Teig

150 g Mehl

50 g Zucker

100 g Butter

1 Eigelb

1 Carmen-Chili

3 EL Sesam

1 EL Sesamöl

Für den Passionsfruchtbelag

250 ml Passionsfruchtsaft

3 EL Zucker

4 Blatt Gelatine

500 ml Sahne

1. Mehl, Zucker, Butter, Eigelb, die gehackte Chilischote, den Sesam und das Sesamöl zügig zu einem Teig verarbeiten. Den Teig 1/2 Stunde ruhen lassen.
2. Den Teig auf einem Blech ausrollen und im auf 200 °C vorgeheizten Backofen 10 bis 12 Minuten goldgelb backen.
3. Den Passionsfruchtsaft mit dem Zucker aufkochen.
4. Die Gelatine in kaltem Wasser einweichen, nach 4 Minuten ausdrücken und im heißen Passionsfruchtsaft auflösen. Die Gelatine-Saft-Mischung erkalten lassen.
5. Die Sahne steif schlagen und unter den gelierenden Saft heben.
6. Die Passionsfruchtcreme auf den erkalteten Mürbeteig streichen und 1 Stunde kalt stellen.
7. Den Kuchen vor dem Servieren in Stücke schneiden oder ausstechen, so dass Törtchen erstehen.

Safran-Chili-Schmarrn mit Macadamianüssen

Zutaten für 4 Personen

250 g Speisequark
6 Eier
1 Carmen-Chili
1 EL Speisestärke
1 EL Mehl
8 Safranfäden
100 g Zucker
150 g Macadamianüsse
Butterschmalz
Puderzucker

1. Den Quark mit den Eigelben, der entkernten, gehackten Chilischote, der Speisestärke, dem Mehl und den Safranfäden glatt rühren.
2. Die Eiweiße mit dem Zucker zu steifem Schnee schlagen.
3. Den Eischnee unter die Quarkmasse heben und auf ein gefettetes Backblech streichen.
4. Den Teig im auf 200 °C vorgeheizten Backofen 12 Minuten backen.
5. Die grob gemahlenen Nüsse in Butterschmalz anrösten.
6. Den Quarkteig aus dem Ofen nehmen und in große Stücke zu einem Schmarrn reißen. Die gerösteten Nüsse über den Schmarrn streuen.
7. Den Schmarrn mit Puderzucker bestäubt servieren. Dazu passt ein Kompott aus Kapstachelbeeren (Physalis).

Scharfe Crêpes Suzette mit Basilikum

Zutaten für 4 Personen

250 ml Milch
100 g Mehl
2 EL Zucker
1 Cayenne-Chili
3 Eier
Butterschmalz
3 EL Rohrzucker
500 ml Orangensaft
1 EL gehacktes Basilikum

1 Die Milch mit dem Mehl, dem Zucker, der gehackten Chilischote und den Eiern schaumig rühren. Den Teig 20 Minuten ruhen lassen.

2 In einer beschichteten Pfanne Butterschmalz erhitzen, darin den Teig zu dünnen Crêpes ausbacken.

3 In einer zweiten Pfanne den Zucker karamellisieren, mit Orangensaft ablöschen und einkochen lassen.

4 Die Crêpes in der Orangen-Karamell-Sauce erwärmen, auf Desserttellern anrichten und mit Basilikum garnieren.

Pecannusskuchen mit Chili und Ahornsirup

Zutaten für einen Kuchen von 18 bis 20 Stück

250 g weiche Butter
200 g Zucker
1 Päckchen Vanillinzucker
Salz
Schale 1 unbehandelten Zitrone
4 Eier
400 g Mehl
100 g Speisestärke
1 Päckchen Backpulver
125 ml Milch
100 g gehackte Pecannüsse
1 Carmen-Chili
1 Eigelb
Ahornsirup

1 Die Butter, den Zucker, den Vanillinzucker, das Salz und die Zitronenschale zu einem cremigen Teig rühren.
2 Die Eier einzeln unter den Teig rühren.
3 Das Mehl, die Speisestärke und das Backpulver in eine Schüssel sieben. Das Mehlgemisch esslöffelweise abwechselnd mit der Milch und der Hälfte der Pecannüsse in den Teig rühren.
4 Die entkernte und gehackte Chilischote in den Teig geben.
5 Den Teig in eine gefettete Kastenform (Länge ca. 30 cm) füllen, glatt streichen und mit den restlichen Pecannüssen bestreuen.
6 Den Kuchen im auf 180 °C vorgeizten Backofen ca. 1 Stunde backen. Nach ca. 50 Minuten Backzeit die Kuchenoberseite mit dem verquirlten Eigelb bestreichen.
7 Den Kuchen aus dem Ofen nehmen und abkühlen lassen, dann auf ein Gitter stürzen. Den Kuchen in Stücke schneiden und mit Ahornsirup servieren.

Jalapeño-Schokolade

Zutaten für 1 Drink

120 ml heiße Schokolade
40 ml Kokossirup
1 Jalapeño-Chili
2 EL geschlagene Sahne
etwas Kakaopulver

Die heiße Schokolade mit dem Kokossirup und der entkernten, fein gehackten Chilischote aufmixen. Die Jalapeño-Schokolade in einen Becher füllen, mit Schlagsahne bedecken und mit Kakaopulver bestreuen.

Kakaoschnitte mit Chili-Bananen

Zutaten für 4 Personen

240 g Bitterschokolade (mindestens 60 % Kakao)
240 g Butter
8 Eier
300 g Zucker
200 g Mehl
1 Msp Backpulver
2 EL Kakao
2 Bananen
3 EL Honig
1 Carmen-Chili
1/2 Zitrone

1. Die Schokolade im heißen Wasserbad schmelzen. Die Butter in der flüssigen Schokolade auflösen.
2. Die Eigelbe mit dem Zucker schaumig rühren. Abwechselnd Mehl, Backpulver, Kakao und flüssige Schokoladen-Butter unterrühren.
3. Die Eiweiße zu steifem Schnee schlagen und unter die Eigelbmasse heben.
4. Den Teig in eine gefettete Springform (Durchmesser 26 cm) füllen und im auf 150 °C vorgeheizten Backofen 60 bis 70 Minuten backen.
5. Die Bananen schälen und in Scheiben schneiden. Den Honig in einem Topf karamellisieren und die entkernte, gehackte Chilischote dazugeben. Die Bananenscheiben unter den Chili-Honig mengen und mit Zitronensaft abschmecken.
6. Den lauwarmen Kuchen mit den Bananen anrichten und servieren.

Cocktails

Wodka-Chili

Zutaten für 1 Drink

20 ml Wodka
15 ml Grenadinesirup
20 ml Martini Dry
10 ml Limettensaft
1/2 Thai-Chili
150 ml Tomatensaft
Eiswürfel

Die entkernte und geschnittene Chilischote zusammen mit allen Zutaten in einem mit Eis gefüllten Shaker gut aufschütteln. Den Wodka-Chili durch ein Sieb in ein Cocktailglas gießen und servieren.

Heiße Karibik
(Chili-Piña-Colada)

Zutaten für 1 Drink

10 ml Sahne
40 ml Coconut Cream
90 ml Ananassaft
40 ml weißer Rum
1 Carmen-Chili
Eiswürfel

Die entkernte und geschnittene Chilischote zusammen mit allen Zutaten in einem mit Eis gefüllten Shaker gut aufschütteln. Den Cocktail durch ein Sieb in ein Cocktailglas gießen und servieren.

Mango-Chili

Zutaten für 1 Drink

20 ml Sahne
80 ml Orangensaft
80 ml Mangosaft
20 ml Kokossirup
20 ml Wodka
1 Carmen-Chili
Eiswürfel

Die entkernte und geschnittene Chilischote zusammen mit allen Zutaten in einem mit Eis gefüllten Shaker gut aufschütteln. Den Mango-Chili in einem Longdrinkglas auf Crushed Ice servieren.

Orangenmargarita mit Chili

Zutaten für 1 Drink

40 ml Tequila
30 ml Cointreau
20 ml Zitronensaft
40 ml Orangensaft
1 Carmen-Chili
Eiswürfel

Die entkernte und geschnittene Chilischote zusammen mit allen Zutaten in einem mit Eis gefüllten Shaker gut aufschütteln. Die Orangenmargarita in einem Longdrinkglas mit Crushed Ice servieren.

The Real Zombie

Zutaten für 1 Drink

10 ml Grenadinesirup
20 ml Cointreau
20 ml Maracujasirup
40 ml brauner Rum
20 ml Orangensaft
20 ml Ananassaft
20 ml Overproof-Rum (73 %)
40 ml weißer Rum
1 Carmen-Chili
Eiswürfel

Die entkernte und geschnittene Chilischote zusammen mit allen Zutaten in einem mit Eis gefüllten Shaker gut aufschütteln. Den Real Zombie durch ein Sieb in ein Cocktailglas gießen und servieren.

Alabama Chili Fruit Shot

Zutaten für 1 Drink

10 ml Brombeerlikör
10 ml Southern Comfort
10 ml Ananassaft
1/2 Carmen-Chili
Eiswürfel

Die entkernte und geschnittene Chilischote zusammen mit allen Zutaten in einem mit Eis gefüllten Shaker gut aufschütteln. Den Shot durch ein Sieb in ein kleines Becherglas gießen und servieren.

After All mit Chili
(der Muntermacher)

Zutaten für 1 Drink

40 ml Calvados
20 ml Zitronensaft
30 ml Peach Brandy
1/2 Carmen-Chili
Eiswürfel

Die entkernte und geschnittene Chilischote zusammen mit allen Zutaten in einem mit Eis gefüllten Shaker gut aufschütteln. Den After All durch ein Sieb in ein Cocktailglas gießen und servieren.

Chili-Bloody-Mary

Zutaten für 1 Drink

50 ml Wodka
1 TL Worcestersauce
20 ml Zitronensaft
1 Carmen-Chili
Paprikapulver
140 ml Tomatensaft
Eiswürfel
1 Selleriestange

Die entkernte und geschnittene Chilischote zusammen mit allen Zutaten in einem mit Eis gefüllten Shaker gut aufschütteln. Die Chili-Bloody-Mary durch ein Sieb in ein Cocktailglas gießen, mit Stangensellerie garnieren und servieren.

Orange Chili Moon

Zutaten für 1 Drink

40 ml Wodka
20 ml Erdbeersirup
40 ml Grapefruitsaft
60 ml Orangensaft
40 ml Ananassaft
20 ml Galliano (italienischer Vanillelikör)
1/2 Carmen-Chili
Eiswürfel

Die entkernte und geschnittene Chilischote zusammen mit allen Zutaten in einem mit Eis gefüllten Shaker gut aufschütteln. Den Orange Chili Moon durch ein Sieb in ein Cocktailglas gießen und servieren.

Rezeptregister

Impressum

www.collection-rolf-heyne.de

1. Auflage 2007

Fotografie: Luzia Ellert
Foodstyling: Gabriele Halper, Wien
Redaktion der Rezepte: Marianne Glaßer, Röslau
Umschlaggestaltung, Layout und Satz: Verena Böning, München
Lithografie: Lorenz & Zeller, Inning
Druck und Bindung: Printer Trento, Trient

Printed in Italy

ISBN 978-3-89910-333-5

Der Dank der Fotografin gilt folgenden Personen und Unternehmen
Für die großzügige Ausstattung mit Geschirr:
Blaulicht, Marc-Aurel-Str. 3, A-1010 Wien
Kunst und Kram, Bauernmarkt 11–13, A-1010 Wien
Scandinavian Design House, Rudolfsplatz 13 a, A-1010 Wien

Für die großzügige Ausstattung mit Designmöbeln:
Blaha Büromöbel, Klein-Engersdorfer-Str. 100, A-2100 Korneuburg

Für das Bereitstellen der Location für die Porträts von Oliver Hoffinger:
cuka Kitchen Company, Felix Muhrhofer, Kühnplatz 3, A-1040 Wien

Für die Belieferung mit Chilis jeder Art und Farbe:
Gärtnerei Bach, Contiweg 165, A-1220 Wien